Médico e repórter

Julio Abramczyk na redação da *Folha de S.Paulo*, em 1985

Julio Abramczyk

Médico e repórter

Meio século de jornalismo científico

APRESENTAÇÃO E ORGANIZAÇÃO
Carlos Eduardo Lins da Silva

TEXTOS
Almyr Gajardoni, Célio da Cunha,
Cláudia Collucci e Marcelo Leite

PubliFolha

Copyright © 2012 Publifolha – Divisão de Publicações da Empresa Folha da Manhã S.A.

Todos os direitos reservados. Nenhuma parte desta obra pode ser reproduzida, arquivada ou transmitida de nenhuma forma ou por nenhum meio sem a permissão expressa e por escrito da Empresa Folha da Manhã S.A., por sua divisão de publicações Publifolha.

EDITOR Alcino Leite Neto
EDITORA-ASSISTENTE Rita Palmeira
COORDENAÇÃO DE PRODUÇÃO GRÁFICA Mariana Metidieri
PRODUÇÃO GRÁFICA Iris Polachini
CAPA Flavia Castro
PROJETO GRÁFICO DO MIOLO Mayumi Okuyama
PREPARAÇÃO Alvaro Machado
REVISÃO Carmen T. S. Costa e Luís Curro

Dados Internacionais de Catalogação na Publicação (CIP)
(Câmara Brasileira do Livro, SP, Brasil)

Abramczyk, Julio
  Médico e repórter : meio século de jornalismo científico / Julio Abramczyk ; apresentação e organização Carlos Eduardo Lins da Silva ; textos Almyr Gajardoni…[et al.]. – São Paulo : Publifolha, 2012.

  Outros textos: Célio da Cunha, Cláudia Collucci e Marcelo Leite.
  ISBN 978-85-7914-425-7

  1. Abramczyk, Julio 2. Jornalismo científico 3. Jornalismo científico – Brasil 4. Jornalistas – Brasil I. Silva, Carlos Eduardo Lins da. II. Gajardoni, Almyr. III. Cunha, Célio da. IV. Collucci, Cláudia. V. Leite, Marcelo. VI. Título.

12-14622   CDD-070.4495

Índice para catálogo sistemático:
1. Jornalismo científico   070.4495

Este livro segue as regras do Acordo Ortográfico da Língua Portuguesa (1990), em vigor desde 1º de janeiro de 2009.

PUBLIFOLHA
Al. Barão de Limeira, 401, 6º andar
CEP 01202-900, São Paulo, SP
Tel.: (11) 3224-2186/2187/2197
www.publifolha.com.br

Sumário

10 **Apresentação**
Paixão juvenil *Carlos Eduardo Lins da Silva*

20 **Introdução**
Funcionário nº 477 da *Folha de S.Paulo*

24 SAÚDE PÚBLICA

Um redator médico completo | *Marcelo Leite*

Novos métodos para caçar vírus na Amazônia: iscas humanas 31

Imprensa e saúde pública 34

Fumo e acidentes 36

Parque do Xingu cuida do índio e de seu patrimônio cultural 38

Mortalidade infantil: já são conhecidas as suas causas 50

Saúde: saneamento básico é o elemento fundamental 56

Melhores dias para a saúde do brasileiro 61

A importância atual da imunologia 70

Um novo programa no combate à hanseníase 76

O exemplo do Brasil na luta contra a hanseníase 81

Uma doença que não existe mais 83

Amamentação, um problema social 89

Pesquisas sobre a doença de Hansen 92

94 ENFERMIDADES DO CORAÇÃO

Na vanguarda do jornalismo de saúde | Cláudia Collucci

Infarto do miocárdio tratado com intervenção inédita 100

Nova técnica em cirurgia cardíaca para crianças 111

Médicos param de fumar no Congresso de Cardiologia 114

Uma nova e revolucionária cirurgia 117

A vida com o coração plástico 121

Ponte de safena melhora qualidade de vida 124

Cardiologistas debatem ação preventiva 127

130 SAÚDE PESSOAL

Receitas e reportagens | Almyr Gajardoni

Os problemas da velhice 133

Transplante de córnea 136

As vantagens do leite materno 138

Um problema pulmonar 140

A cirurgia que devolve a visão ao cego: transplante de córnea 142

Os debates atuais em torno da mamografia 152

O misto-quente, um risco para a saúde 155

Trabalho e gravidez 158

O desprezado perigo alcoólico 160

Remédios, uma forma de evitar problemas durante a viagem 163

168 DOENÇAS DE PERSONALIDADES

Quando celebridades adoecem | *Carlos Eduardo Lins da Silva*

Óbito do senador Petrônio Portella 178

O exame das coronárias 180

Prevaleceu o bom-senso 182

Sarney toma posse conforme a lei; Tancredo já anda no quarto 184

Os diagnósticos deixam dúvidas 186

Medidas de emergência visam a evitar uma parada cardíaca 188

Evolução depende da resistência física do paciente 189

Uma complicação frequente no pós-operatório 191

Cirurgia com anestesia geral 193

Agora, recuperação deve ser bem mais tranquila 195

Um prazo maior para a volta 197

Problemas na incisão são comuns nessas cirurgias 199

O maior problema ainda é o processo infeccioso 201

Urgência, razão do difícil pós-operatório 204

Drenagem dos abscessos devia estar prevista 207

Bacteriemia e falta de esterilização 209

Extrema urgência para localizar foco infeccioso 210

Tela de plástico fecha o abdome após a operação 214

Infecção evolui; não há chances de recuperação 216

Hipotermia, uma arma para prolongar a vida 218

Um processo doloroso na fase aguda 219

Os limites da terapia intensiva 220

As dificuldades de um quadro extremo 222

Médicos não se acomodam e tentam todos os recursos 224

Causa do óbito foi debilitação pulmonar 227

Sedação impediu dor nos últimos dias 229

230 JORNALISMO CIENTÍFICO

Pioneirismo e pensamento de Julio Abramczyk | Célio da Cunha

A importância do jornalismo científico 242

Jornalismo científico 249

Um som que não se ouve, mas que faz diagnósticos 251

Jornalismo e falsas ciências 255

Divulgação científica torna as pesquisas mais acessíveis 257

O jornalismo científico no Brasil 259

Discurso de agradecimento –
Prêmio José Reis de Divulgação Científica 1986 267

Diagnóstico do jornalismo científico na
América Latina 271

O homem que forma e informa 279

A saúde na cobertura da mídia 282

287 **Sobre o autor**

Apresentação

Paixão juvenil
Carlos Eduardo Lins da Silva

Um dos princípios que tentei seguir com rigor nos dois anos em que exerci o cargo de *ombudsman* da *Folha de S.Paulo* (2008-10) foi o de ser o mais impessoal possível. Raras vezes citei nomes individuais de jornalistas ao fazer críticas, por entender que jornalismo é o resultado de trabalho coletivo, em que cada um certamente tem responsabilidades específicas, mas ninguém deve receber solitariamente créditos ou débitos.

Em 13 de dezembro de 2009, abri uma exceção a tal regra autoimposta. Ocorre que duas semanas antes, em 24 de outubro, fizera 50 anos a publicação da primeira matéria assinada naquele jornal por Julio Abramczyk, o que lhe havia dado a distinção de ser o jornalista que por mais tempo trabalhava em um só veículo de comunicação sem interrupções.

Além disso, Abramczyk também obtinha naquela data a condição de pessoa que por mais tempo escreveu na *Folha*. Um colega seu, Domingos Ferreira Alves, que havia morrido em plena atividade em 2008, ficara mais tempo nas empresas do Grupo Folha (54 anos seguidos), mas em vários veículos da casa e muito mais em funções de edição do que de repórter ou redator. Abramczyk é só da *Folha*, agora há 53 anos, e sempre escrevendo.

Não é pouca coisa. Ainda mais quando se leva em conta que o jornalista em questão também é médico, cardiologista respeitado por seus pares no Brasil e em outros países, e foi diretor clínico de um dos maiores e melhores hospitais de São Paulo, o Santa Catarina.

Muita gente acha que a prática do jornalismo coloca uma pessoa perto do ápice da escala de valor profissional na sociedade. Mas a medicina, sem dúvida, está acima do jornalismo nessa hierarquia, tanto do ponto de vista de prestígio quanto no de recompensa material.

Que Abramczyk nunca tenha desistido das redações, em que se iniciou quando era estudante (como revisor e depois repórter de O *Tempo*, sob o comando do legendário Hermínio Sachetta), mesmo depois de se ter saído com grande êxito em consultórios e clínicas, fala muito sobre sua paixão pela profissão e pelo jornal em que se fixou.

Esse amor intenso se revela não apenas pela constância e resistência com que ele vem exercendo seu trabalho ao longo de tanto tempo. Há muito que ele tem sua coluna semanal, "Plantão Médico", a qual já seria suficiente para manter seu nome e prestígio como jornalista.

Mas uma coluna semanal é pouco para o entusiasmo juvenil que nunca deixou de existir em Abramczyk. A alma de repórter recusa a aposentadoria e até a simples comodidade de um único texto por semana. Então, ele escreve sempre que pode sobre os assuntos do dia a dia que envolvam aspectos médicos e, quando esses rareiam, faz viagens pelo mundo e conta aos leitores do caderno de turismo tudo sobre os lugares que visita. Até para o suplemento infantil, a "Folhinha", ele contribuiu.

Não bastasse isso, Abramczyk foi ainda um pioneiro e se mantém até agora como expoente da teorização sobre o jornalismo científico no Brasil e na América luso-hispânica e de sua organização como especialidade, tendo ajudado vitalmente a criar e solidificar instituições como a Associação Brasileira de Jornalismo Científico e diversos encontros internacionais sobre o tema, ao lado de José Marques de Melo, Manuel Calvo Hernando, Luiz Ramiro Beltrán, Luis Moreno Gomes, Perseu Abramo, José Hamilton Ribeiro e o patriarca do grupo, José Reis, entre outros. Em diversos congressos, seminários e livros, Abramczyk apresentou sua contribuição, fundamental, para construir um referencial teórico para o jornalismo científico nas Américas e na Península Ibérica.

A qualidade de seu trabalho jornalístico vem sendo reconhecida há mais de cinco décadas não apenas por colegas, por superiores nas redações e (o mais importante) por seus leitores, mas também por meio de prêmios de mérito inegável, como o Esso, o José Reis de Divulgação Científica (concedido pelo Conselho Nacional de Desenvolvimento Científico e Tecnológico – CNPq), o Governador do Estado de São Paulo e o da Associação Brasileira de Divulgação Científica.

O Prêmio Esso, o mais importante do jornalismo brasileiro, equivalente ao Pulitzer nos Estados Unidos, veio em 1970, pela primeira reportagem publicada a respeito de uma técnica então revolucionária, a cirurgia de ponte de safena, para tratar vítimas de infarto agudo do miocárdio, hoje procedimento corriqueiro. Esse texto histórico é um dos que estão reproduzidos neste livro.

Por tudo isso, pareceu natural à Publifolha reunir em um volume alguns dos mais de 2.500 textos que Julio Abramczyk publicou na *Folha de S.Paulo* desde 1960. Fiquei honrado por ter sido escolhido para coordenar esta edição durante o período de quarentena que cumpri no segundo semestre de 2010, após ter deixado o cargo de *ombudsman*.

Abramczyk e eu temos tido uma relação profissional e pessoal muito próxima desde que nos conhecemos, quando ele estava prestes a comemorar o seu jubileu de prata na *Folha* e eu entrava no jornal. Aproximamo-nos especialmente durante a dura jornada da agonia do presidente Tancredo Neves, que teve de ser operado na véspera de sua posse, afinal jamais realizada, em razão das complicações médicas que se seguiram à cirurgia da noite de 14 de março de 1985.

Aquele foi, como será detalhado em um dos capítulos deste livro, um teste de fogo para o jornal e sua equipe, da qual eu fazia parte como secretário de redação. E a presença segura, tranquilizadora, confiante, do redator médico ao lado de seus quase todos muito jovens companheiros foi um fator decisivo para o sucesso de que se revestiu a empreitada.

Para concretizar o projeto deste livro, resolvemos dividir os trabalhos de Abramczyk em cinco grandes áreas temáticas: saúde pública, enfermidades do coração, saúde pessoal, doenças de personalidades e jornalismo científico. Ele escreveu sobre diversos outros assuntos. Mas seria impossível agrupá-los todos em um só volume. Em seguida, fizemos uma seleção dos textos dentro de cada um desses domínios que tivessem mais representatividade, tentando incluir os de quase todas as décadas de trabalho de Abramczyk. Feita a difícil escolha, mandamos cada lote de matérias para um especialista em jornalismo científico para que o lesse e produzisse uma breve avaliação a respeito desse conteúdo.

O jornalista Marcelo Leite, doutor em ciências sociais, um dos principais nomes da geração sucessora de Abramczyk no jornalismo científico na *Folha* e no Brasil, vencedor como ele dos prêmios Esso e José Reis, foi convidado a comentar os textos do autor sobre saúde pública.

Leite destaca como "o talento para o jornalismo e para a reportagem, surpreendentemente, já aparecia bem no princípio da colaboração do jovem repórter e estudante de medicina com a *Folha*, em fevereiro de 1961", com uma série de matérias a partir de extensa viagem de Abramczyk à Amazônia, e como em sua carreira ele conseguiu "testemunhar e relatar fatos e processos de importância histórica", por exemplo – em 1977 – o esforço bem-sucedido de Abrahão Rotberg "para superar o estigma do tratamento da lepra e acabar com o confinamento dos doentes nos famigerados leprosários".

Outra jornalista que mantém o padrão de alta qualidade que José Reis e Julio Abramczyk determinaram para o jornalismo científico na *Folha* é Cláudia Collucci, mestre em história da ciência, que analisa os textos selecionados sobre doenças do coração. Ela dedica, com toda razão, especial destaque à reportagem que rendeu ao autor o Prêmio Esso de 1970. O jornal deu manchete principal de primeira página mais duas páginas inteiras para o relato do cardiologista Abramczyk sobre a cirurgia de ponte de safena para casos de infarto do miocárdio, que era uma iniciativa inédita de médicos brasileiros.

Mas essa não foi a única reportagem histórica sobre procedimentos para problemas cardíacos na carreira de Abramczyk, como Collucci destaca: "A lista de contribuições do doutor Julio é infindável. Por meio de seus relatos, os avanços da cardiologia nacional e internacional saíram do hermético universo acadêmico para as grandes massas, tornando acessível o que, por natureza, é difícil e complexo".

Tão veterano como Abramczyk, o jornalista Almyr Gajardoni, que foi – entre outras distinções – o fundador de um dos mais bem-sucedidos veículos de divulgação científica da imprensa brasileira, a revista *Superinteressante*, recebeu o encargo de comentar as matérias sobre saúde pessoal.

Gajardoni diz que "uma delicada questão atormenta quem se dedica ao jornalismo e é, ao mesmo tempo, titular de outra especialização profissional: quem escreve? No caso de Julio Abramczyk, essa dúvida não existe: é sempre o jornalista, naturalmente com a segurança de quem tem sólida cultura médica".

O professor Célio da Cunha, da Universidade de Brasília, doutor em educação e consultor da Unesco, escreve sobre os textos de Abramczyk a respeito de jornalismo científico.

Segundo o professor, uma das principais características da teoria de jornalismo científico que emerge do trabalho de Abramczyk sobre o tema é sua "sólida dimensão ética e de respeito aos leitores". Para Cunha, "integra a vertente ética e política de suas ideias a independência de pensamento", que se ressalta nos alertas que fez em seus textos quanto aos perigos de o jornalismo ceder acriticamente a estratégias de *marketing* da indústria médica.

A mim, coube discutir as reportagens, artigos e colunas de Julio Abramczyk referentes a doenças de personalidades, com justa primazia para a cobertura da enfermidade de Tancredo Neves.

Um quarto de século depois daqueles eventos dramáticos, impressiona como o redator médico da *Folha* já antecipava, no dia seguinte ao da primeira cirurgia do presidente eleito e com base apenas no diagnóstico dos fiapos de informação oficial divulgados, que Tancredo havia provavelmente tido um tumor, não apenas uma diverticulite, como fora anunciado.

Nos 53 anos de exercício da profissão só na *Folha*, Julio Abramczyk viu a importância do noticiário sobre saúde crescer muito na imprensa brasileira. Esta é seguramente uma das especialidades do jornalismo que hoje em dia mais interesse desperta no público. Tal proeminência aumenta muito a responsabilidade dos jornalistas que tratam do assunto, alvos de esforços progressivos de instrumentalização por parte de representantes da indústria da saúde (em todos os seus ramos, dos laboratórios farmacêuticos aos hospitais) mal-intencionados e inescrupulosos.

Uma das maiores contribuições de Julio Abramczyk para o jornalismo brasileiro foi o modelo de virtude que ele estabeleceu no trato desses temas complexos e muitas vezes controvertidos, em que interesses materiais, vaidades científicas e egos superdimensionados entram em choque constante e em relação aos quais o jornalista tem de agir com isenção e profissionalismo.

Ao reunir conhecimento técnico e aguçada consciência do interesse público, Abramczyk colocou para os seus contemporâneos e sucessores a barra da qualidade em um ponto bastante elevado, o que tem exigido deles esforço considerável para não rebaixá-la.

Quem lucra com isso é, acima de tudo, a sociedade brasileira, que pode desfrutar de um jornalismo científico de bom nível, como poucos países de porte similar ao Brasil têm.

Carlos Eduardo Lins da Silva é presidente do Projor (Instituto para o Desenvolvimento do Jornalismo), editor da revista Política Externa *e diretor do Espaço Educacional Educare. Foi secretário de redação, diretor-adjunto de redação, correspondente em Washington e ombudsman da* Folha de S.Paulo. *Ajudou a fundar o jornal* Valor Econômico, *do qual foi também diretor-adjunto. É doutor e livre-docente em comunicação pela Universidade de São Paulo (USP) e autor de, entre outros,* Mil dias: seis mil dias depois *(Publifolha, 2005);* O adiantado da hora: a influência americana sobre o jornalismo brasileiro *(Summus Editorial, 1990) e* Correspondente internacional *(Contexto, 2011).*

Introdução

Funcionário nº 477 da *Folha de S.Paulo*

No jornalismo, boas matérias são consequência de bons contatos com boas fontes de informação. Meio século atrás, bons contatos com bons amigos também arrumavam emprego em jornal.

Da saudosa amizade com Hugo Penteado Teixeira surgiu, em fins de 1959, a informação de vaga para redator da seção de biologia e medicina na então *Folha da Manhã*, atualmente *Folha de S.Paulo*. Conheci Hugo quando trabalhei no jornal *O Tempo*, para onde fui levado por Hilário Corrêa e Nahor Teixeira Monteiro. Devo aos três e a Hermínio Sachetta, então secretário de redação, orientação em nossos primeiros passos no jornalismo diário, e a essas almas generosas manifesto aqui a minha gratidão.

Como o cargo da *Folha da Manhã* estava vago havia seis meses por não terem encontrado outro médico para substituir o anterior, aceitaram-me para um breve período de experiência. À época, eu ainda era estudante de medicina.

Em janeiro de 1960, fui registrado na empresa e continuo até hoje com o número 477. Em dezembro de 2010, um funcionário recém-admitido pela *Folha* foi registrado com o número 327.370.

Há 26 anos, ao receber o Prêmio José Reis de Divulgação Científica, do Conselho Nacional de Desenvolvimento Científico e Tecnológico (CNPq), destaquei que dividia a premiação com a *Folha de S.Paulo* porque o jornal tornava possível fazer chegar ao conhecimento da população os avanços da medicina, da ciência e da tecnologia. Naquela oportunidade, lembrei também que a *Folha* havia sido o primeiro jornal nas Américas a reservar regularmente espaço diário para a informação e divulgação da ciência e da tecnologia.

Ao longo destes anos todos, escrevi na *Folha* com total liberdade. Nos tempos de José Nabantino Ramos, na *Folha da Manhã*, constava do manual da redação que o jornalista não era obrigado a escrever matéria contrária às suas convicções. Essa liberdade continuou na *Folha de S.Paulo* com Octavio Frias de Oliveira e permanece com Otavio Frias Filho.

Como exemplo, posso citar os comentários relacionados à doença de Tancredo Neves. Nenhum deles recebeu a menor interferência em relação ao que estava redigido, apesar do protesto de leitores, em alguns momentos. A propósito: foi o *publisher* Octavio Frias de Oliveira quem deu o "furo" sobre o tipo de tumor de Tancredo Neves, confirmando as primeiras notas publicadas pela *Folha* sobre as possíveis causas relacionadas à cirurgia de urgência do presidente eleito que não pôde tomar posse do cargo.

As aproximadamente vinte linhas dos comentários relacionados à doença de Tancredo Neves me mostraram que se pode escrever sobre fatos médicos com concisão e conteúdo, sem prejudicar o entendimento do leitor comum. Facilita a leitura e prende a atenção do leitor ao tema abordado, e essa tem sido a minha opção nos últimos anos.

A seleção das reportagens e artigos que constam deste livro foi realizada por Carlos Eduardo Lins da Silva, a quem sou extremamente grato. Devo também a ele a formatação e divisão do livro em capítulos e a ideia de cada capítulo ser antecedido por uma explanação sobre os temas médicos abordados.

Uma explicação introdutória em cada capítulo é feita, além de pelo próprio Carlos Eduardo, pelos jornalistas especializados em ciência Marcelo Leite, Cláudia Collucci e Almyr Gajardoni e pelo professor Célio da Cunha, da Universidade de Brasília, assessor da Organização das Nações Unidas para a Educação, a Ciência e a Cultura (Unesco) na área da educação e grande incentivador do jornalismo científico em nosso meio.

A eles, meu especial agradecimento pela benevolência que tiveram para com minhas matérias.

Julio Abramczyk

Saúde pública

Um redator médico completo
Marcelo Leite

O jornalismo de saúde nem sempre mantém o passo com o jornalismo científico, como deve, para tornar-se mais profundamente enriquecedor e revelador. Na realidade, nem sempre consegue ser jornalismo, ou seja, crítico. Julio Abramczyk é a exceção que confirma a regra, e seu exemplo está aí para quem quiser aprender.

Esta coletânea de colunas e reportagens sobre saúde pública compõe material didático o bastante para difundir a noção de que não basta fazer aconselhamento e orientação, vale dizer, publicar somente notícias com mais valor de uso que de informação (*news you can use*), como de praxe em revistas.

Considere-se o caso do texto "Amamentação, um problema social", publicado em 11 de setembro de 1983. Já no título fica evidente que o leitor não encontrará ali uma simples exortação em favor do aleitamento até os seis meses de idade, mas uma interrogação honesta sobre as razões de seu abandono precoce (exigências do trabalho assalariado).

Tampouco basta fazer mera divulgação científica, escolhendo aleatoriamente temas do mundo da pesquisa para ilustrar o leitor ou matar sua curiosidade.

Percebe-se da leitura dos textos do doutor Julio, como é conhecido e respeitado pelos jornalistas privilegiados com o seu convívio na redação da *Folha de S.Paulo*, que duas ordens de relevância se impõem: científica e social.

A esse redator médico veterano se aplica com justiça a máxima de que, em jornalismo científico, se trata de tornar interessante o que é importante, e não tornar importante o que (só) é interessante.

Por vezes, basta ter e dar clareza da relevância científica. É o caso de "A importância atual da imunologia", de 11 de maio de 1975. Antenado com as tendências da pesquisa biomédica, o redator capta a ascensão de um campo novo de estudo e traça um instantâneo do momento de transição: "A imunologia há muito tempo deixou de ser o ramo da microbiologia relacionado apenas à resistência a agentes infecciosos e passou a constituir uma matéria autônoma, inter-relacionada com a maioria dos campos da biologia".

A sensibilidade para as implicações sociais da medicina e da ciência, ou para as influências que estas recebem dos desenvolvimentos políticos e sociais, transparece na atenção que o médico-jornalista dedica aos congressos e reuniões científicas na área de saúde pública – "higiene", dizia-se naquela época pioneira – e de epidemiologia.

Em novembro de 1970, o 18º Congresso Brasileiro de Higiene resultou em uma página inteira de reportagens, com peças em tom de convocação para a ação: "Esquistossomose, ainda um grande problema nacional", "Mortalidade infantil: já são conhecidas as suas causas" e "Saúde: saneamento básico é o elemento fundamental".

Não é outro o diapasão de "Melhores dias para a saúde do brasileiro", reportagem publicada em 31 de março de 1974 (no décimo aniversário do golpe militar, portanto), que traça um diagnóstico do setor a partir de apresentações na reunião da Sociedade Brasileira para o Progresso da Ciência (SBPC). O sobretítulo "O que se fez nos últimos dez anos garante o futuro" aponta para alguns balanços favoráveis, mas poderá quando muito ter enganado os censores que na época ainda decidiam o que podia e não podia ser impresso em um jornal: Abramczyk fala abertamente da queda do poder aquisitivo do salário mínimo, por exemplo, assim como da má distribuição do saneamento básico. E põe o dedo na ferida da prioridade exclusiva para o crescimento econômico, a desequilibrar o tripé formado com o desenvolvimento educacional e da saúde.

Parece que o debate não progrediu muito nesses 38 anos transcorridos: "Até quando se poderá ter um desenvolvimento econômico sem que a população esteja adequadamente preparada para esse desenvolvimento, com a formação de técnicos e uma tecnologia própria? O que se tem feito é preparar milhares de advogados, psicólogos e outros profissionais liberais. Haverá forçosamente, em breve, falta de pessoal de nível médio para as necessidades de desenvolvimento industrial".

Tantos anos de dedicação ao jornalismo sobre medicina permitem, ao repórter com um sentido para os desenvolvimentos de longo alcance, testemunhar e relatar fatos e processos de importância histórica. Em 13 de março de 1977, Abramczyk narra o esforço bem-sucedido do médico Abrahão Rotberg para superar o estigma do tratamento da lepra e acabar com o confinamento dos doentes nos famigerados leprosários. A chamada Fase III da evolução na abordagem da doença, amaldiçoada desde a Bíblia, era justamente a substituição do termo "lepra", irremediavelmente pejorativo, por "hanseníase", homenagem a Gerhard Henrik Armauer Hansen (1841-1912), médico norueguês que isolou o bacilo *Mycobacterium leprae*.

Em 15 de maio do mesmo ano, Abramczyk volta à carga e escreve sobre "Hanseníase infantil", dando publicidade às recomendações de uma publicação da Organização Mundial da Saúde (OMS); como não havia nem sombra de internet naquele tempo, o redator cuida de informar o endereço da Biblioteca Regional de Medicina, em São Paulo, onde interessados poderiam obter cópia do texto.

Em 12 de fevereiro de 1978, mais informações: "O exemplo do Brasil na luta contra a hanseníase", dando conta de congresso da OMS em que o país fora elogiado por ter sido o primeiro a abolir o termo "lepra". O ciclo se fecharia só em 2006, quando, já na coluna "Plantão Médico", doutor Julio registra o obituário de Rotberg, morto aos 94 anos.

O talento para o jornalismo e para a reportagem, surpreendentemente, já aparecia bem no princípio da colaboração do jovem repórter e estudante de medicina com a *Folha*, em matéria de fevereiro de 1961.

Após viagem a Belém (PA) e Serra do Navio (AP), Abramczyk engatilhou uma série vibrante de reportagens, em três partes, de títulos irresistíveis, como "22 vírus novos para a ciência isolados em laboratório de Belém"; "Novos métodos para caçar vírus na Amazônia: iscas humanas"; e "Em plena zona equatorial, o Brasil dá exemplo no campo da saúde pública".

Mais de duas décadas depois, uma nova geração de jornalistas da *Folha* voltaria sua atenção para a Amazônia, atraídos para a floresta pela luz e pelo calor das queimadas de 1988, achando que descobriam a pólvora. Bastaria uma consulta ao acervo para se descobrirem eles próprios ignorantes do fato de terem sido precedidos por aquele médico de cabelos brancos que tratavam com tanta condescendência na redação do jornal. Folheando mais longamente a coleção, terminariam também por constatar que as muitas reportagens sobre medicina indígena dos anos 1990 haviam tido também elas precursoras três décadas antes, mais precisamente em 30 de julho de 1966.

O Brasil estava de olho na final da Copa na Inglaterra, roendo-se pela desclassificação ainda na primeira fase, diante de Portugal. Abramczyk, porém, dedicava uma página completa na *Folha* ("Ilustrada") para a reportagem "Os índios do Xingu conhecem a medicina dos brancos, mas não dispensam o pajé". No subtítulo, uma explicação sem compromisso: "Muita atenção ao doente, uma sugestão hipnótica e a dor desaparece: é a pajelança, a medicina mágica dos índios do Xingu".

Sempre será possível fazer uma carreira completa no jornalismo – médico, científico ou outro – sem pôr os pés no Xingu, o que não deixa de ser um desperdício. Acesso direto à melhor pesquisa biomédica do mundo, pela internet, possibilitou aos repórteres da área um avanço técnico fenomenal nas duas últimas décadas, que muito melhorou a qualidade média das reportagens.

Abramczyk, porém, sendo médico, não tropeçava nos conceitos e terminologia com a frequência indesejável exibida pelos que chegaram a essa cobertura depois dele. Podia voltar os olhos do profissional de saúde e comunicação para dentro do país e enxergar um exemplo notável de convívio construído no Brasil Central.

A visão aparece na sub-retranca (texto auxiliar, no jargão jornalístico) "Parque do Xingu cuida do índio e de seu patrimônio cultural". Como tantos antes e depois dele, o enviado especial da *Folha* parece ter deixado o parque encantado com a obra de vida dos irmãos Villas-Boas. Abramczyk, com a generosidade que lhe é característica, escreveu sobre eles: "Os Villas-Boas, através de sua ação, não permitiram que os índios fossem transformados em meros caboclos marginais à civilização. Por esse motivo, a exemplo de Rondon, passarão a fazer parte, um dia, da história do Brasil".

O bom jornalista precisa ter faro para a notícia e talento para escrever de modo claro. O melhor jornalista usa o faro e a clareza para orientar-se na barafunda dos fatos, levantar a cabeça na direção promissora e enxergar mais longe. Com esforço e perseverança, os melhores acabam por descobrir um país doente, mas com futuro, e passam a fazer parte de sua história. No caso de doutor Julio, da história do jornalismo científico e médico no Brasil.

Marcelo Leite é editor de Opinião da Folha de S.Paulo, jornal do qual também já foi ombudsman, editor de Ciência e correspondente em Berlim. Publicou vários livros sobre ciência e ambiente, entre eles Darwin (Publifolha, 2009) e Fogo verde, da série de ficção infanto-juvenil Ciência em Dia (Ática, 2008). Sua tese de doutorado em ciências sociais pela Unicamp foi publicada sob o título Promessas do Genoma (Editora da Unesp, 2006).

Novos métodos para caçar vírus na Amazônia: iscas humanas

Nos mais de 1.500 isolamentos de vírus feitos pelo Laboratório de Vírus de Belém, quando foram registrados 32 agentes diferentes, dos quais 22 novos para a ciência, métodos diferentes de pesquisa tiveram de ser adaptados. Se os mosquitos eram o principal transmissor das viroses, tinham de ser capturados. E o foram por iscas humanas.

Os mosquitos são apanhados por uma pessoa que, de braços e pernas descobertas, fica à espera de que os insetos venham picá-la. Antes mesmo de atingir o corpo da isca humana, os mosquitos são apanhados em redomas individuais. Apesar de somente um mosquito entre 4 mil estar contaminado, sabe-se que basta apenas a sua picada para a transmissão da moléstia. Por isso a isca humana fica alerta durante todo o tempo da operação-captura, que é feita diariamente das oito horas da manhã às quatro da tarde, em plena floresta virgem.

Depois de apanhados, os mosquitos são transportados para o laboratório no mesmo dia e ali são identificados e preparados para o isolamento do vírus. Mais de 60 mil mosquitos já foram identificados pelo laboratório. Segundo o doutor Causey, os mosquitos são preparados para a operação de isolamento dos vírus mediante trituração em diluente de albumina bovina, que posteriormente é centrifugada a alta velocidade. A substância é então inoculada em camundongos, que são observados diariamente durante três semanas, ou até que venham a morrer ou ser sacrificados, com sintomas de infecção virulenta.

Tais sintomas e o tempo que levam para morrer variam segundo o tipo de vírus e a idade dos animais inoculados. Depois de demonstrada a sua infectabilidade, o agente infeccioso poderá ser preservado, para estudos futuros, mediante um processo de liofilização da massa encefálica dos roedores infectados.

O Laboratório de Vírus de Belém possui outros dois tipos de iscas: macacos e camundongos, verdadeiras sentinelas da saúde. Um macaco não imunizado é encerrado em uma gaiola que é posta na mata, suspensa por um fio de arame a uma altura razoável. A intervalos de três a quatro dias é examinado o seu sangue, a fim de determinar a presença de vírus. Quando a infecção se manifesta, o macaco é transferido para local especial no laboratório e são feitos, a intervalos regulares, exames do soro na fase convalescente, se o animal sobrevive à moléstia.

Em abrigos protegidos do sol e da chuva, de animais daninhos e de pássaros, da invasão de formigas e, ao mesmo tempo, permitindo o livre acesso aos mosquitos, são postos em uma gaiolinha uma fêmea de camundongo, que tenha dado à luz recentemente, e mais de seis camundongos recém-nascidos. Alimento e água são ali colocados, assim como um leito especial é preparado, onde poderão dormir. São, então, picados pelos insetos, que lhes transmitem a doença.

Os camundongos recém-nascidos, mais sensíveis que os adultos, podem sucumbir a vírus que não se mostre patogênico aos adultos. O cérebro infectado é, então, triturado e centrifugado, donde se obtém uma suspensão que é submetida a várias provas. A identificação específica do vírus, entretanto, é feita mediante testes sorológicos especiais.

Em sua mais recente obra, *Ensaios médico-sociais*, lançada há alguns dias, o professor Samuel B. Pessoa ressalta a possibilidade da precisão da ocorrência de doenças infecciosas, segundo a doutrina dos "nichos naturais" de Pavlóvski, que são focos de infecção existentes sem a presença do homem. Esses focos podem existir na ausência completa de seres humanos, pois a infecção circula independentemente do homem, só se revelando ao estabelecer contato com ele. Nesse caso, podem desaparecer, como resultado de condições desfavoráveis, ou então a infecção, transmitindo-se ao homem, localiza-se nas áreas recém-povoadas, e os animais selvagens tornam-se reservatórios das doenças.

Com a edificação de Brasília e a construção de rodovias como a Belém-Brasília e a Brasília-Fortaleza, estão sendo povoadas vastas regiões, não só do planalto brasileiro como do vale amazônico. Salienta o professor Samuel Pessoa que as populações que se vão fixando nessas zonas novas, situadas em grande número na orla das florestas, serão expostas a numerosas zoonoses, determinadas por agentes parasitários, assim como por bactérias e vírus.

O Laboratório de Vírus de Belém usa mensalmente cerca de 20 mil camundongos para o isolamento dos vírus. O sacrifício desses animais, que identificam os reservatórios de vírus na Amazônia, permitirá algum dia alterar o atual panorama da epidemiologia das doenças tropicais do Brasil.

Folha de S.Paulo, 9.2.1961

Imprensa e saúde pública

A imprensa desempenha um papel fundamental em saúde pública e educação sanitária, dada a sua difusão e acessibilidade. Apresenta, inclusive, vantagens sobre outros métodos de comunicação, por ser a palavra escrita passível de revisões e de maior permanência. Além disso, há a possibilidade de em um único exemplar de jornal poderem ser feitas muitas comunicações e a baixo custo.

Essas foram as principais conclusões a que chegaram os participantes do seminário "A imprensa como método de educação sanitária", realizado na Faculdade de Higiene e Saúde Pública (FHSP) da Universidade de São Paulo (USP). Na oportunidade, lembrou-se ainda da necessidade de os organismos de saúde pública terem diretrizes bem definidas nas suas relações com a imprensa. Considerou-se igualmente de grande importância o entrosamento, por meio de reuniões periódicas, entre autoridades sanitárias e jornalistas.

Os participantes do seminário salientaram também a importância das seções especializadas dos jornais como ótimos recursos para a educação sanitária da população. Em particular, destacaram as seções Feminina, Agrícola e de Medicina, além dos diários de coletividades estrangeiras e os especializados em determinados setores profissionais. Finalmente, destacaram o papel do jornalismo no sentido de alertar os governantes sobre problemas de resolução urgente, bem como de orientar a população no sentido de exigir uma proteção adequada, no campo da saúde, das autoridades sanitárias.

O seminário fez parte do curso de pós-graduação ministrado a brasileiros e estrangeiros pela disciplina de educação sanitária (responsável: professora Ruth Sandoval Marcondes) da cadeira de Técnica de Saúde Pública da FHSP (catedrático: professor Rodolfo dos Santos Mascarenhas). Desenvolveu-se sob a forma de "painel", foi coordenado pelo doutor José Migliaccio, de Ourinhos, Estado de São Paulo, e contou com a participação dos doutores Antonio Joaquim Paulino, de Moçambique; Eduardo Leandro Cuestas Barbero, da Argentina; Osdyr Brasileiro Matos, de Mato Grosso; Miguel René Manulis, da Argentina; e José Carlos Isfran Estaque, do Paraguai. Do seminário constou ainda uma entrevista com o redator desta seção, que respondeu a perguntas formuladas pelos doutores Gerson Guimarães, de Goiânia, e Faustino Carlos Doglio, da Argentina.

Folha de S.Paulo, 14.11.1965

Fumo e acidentes

A experiência acumulada por médicos e pesquisadores nos últimos anos permitiu a demonstração de que o hábito de fumar pode ser a causa de uma série de doenças, em particular do câncer do pulmão, das bronquites crônicas e do enfisema pulmonar. Esses fatos levaram o serviço de saúde pública dos Estados Unidos a concluir que fumar cigarros constitui uma ameaça à saúde. Igualmente o Colégio Real de Médicos, da Inglaterra, considerou o fato de tal importância a ponto de ter aconselhado o governo a tomar posição e lutar decisivamente no sentido de alertar a população, tomando medidas que visem a diminuir o consumo do fumo.

Recentemente, o fumo passou a ser também considerado como fator negativo para os que dirigem veículos. O doutor James L. Malfetti, da Universidade de Columbia, Nova York, segundo despacho da agência de notícias UPI, elaborou estudo no qual assinala que os motoristas que contraíram o hábito de fumar incorrem em mais acidentes de trânsito do que os que não fumam. Esse estudo baseou-se na correlação entre os fumantes e cerca de mil acidentes de trânsito analisados.

"Não sabemos por que os que fumam têm mais acidentes, mas isso é certo", afirma o doutor Malfetti, diretor do Programa de Educação de Segurança naquela universidade, que acha que uma das causas poderia ser uma maior distração da parte dos condutores. "Se o motorista vai fumando, o fumo molesta-lhe a vista, mas não é só isso que ocorre. Às vezes tenta realizar uma manobra enquanto está fumando um cigarro ou seu cachimbo, o que é um convite ao desastre." Em relação aos acidentes graves, as estatísticas assinalam que 48% dos responsáveis são fumantes.

Folha de S.Paulo, 14.11.1965

Parque do Xingu cuida do índio e de seu patrimônio cultural

"O índio só sobrevive dentro de sua própria cultura." Essa é a filosofia de trabalho a que se propuseram os irmãos Villas-Boas, Cláudio e Orlando, e também Leonardo, já falecido.

A partir dessa convicção foi criado em 1961, no Estado de Mato Grosso, o Parque Nacional do Xingu, situado no Vale do Rio Xingu e ao longo deste. Na realidade, porém, foi apenas no atual governo que o parque passou a obter o apoio efetivo das autoridades, principalmente quando passou a ser um dos órgãos do Ministério para a Coordenação dos Organismos Regionais.

O parque é aberto exclusivamente para cientistas dos mais diferentes campos das ciências naturais, biológicas ou sociais, sendo vedada a entrada de pessoas sem autorização das autoridades, que no local são Orlando e Cláudio. Sua área, situada em uma zona de transição entre o cerrado e os campos do Brasil central, é de aproximadamente 22 mil quilômetros quadrados. Nela se acham distribuídas catorze tribos com uma população calculada em 1.200 habitantes.

Essa região, cujos fenômenos migratórios não foram ainda estudados adequadamente, passou a constituir um refúgio para os índios pertencentes às quatro principais famílias linguísticas americanas: caribe, aruake, gê e tupi. Além destas, existem outras famílias linguísticas isoladas, o que faz com que o Xingu seja atualmente considerado um dos mais belos mosaicos linguísticos puros do Brasil.

As tribos do parque atualmente conhecidas são as seguintes: Yawalapiti, Kalapalo, Kuikuro, Mehinaku, Trukuhamãe, Kayahi, Suyá, Waurá, Kamaiurá, Trumai, Juruna, Aueti, Matiper e Nahukwá. No Alto Xingu estão localizadas oito aldeias e no Médio Xingu cinco, em um total de oito línguas completamente diferentes. Os índios Matiper e Nahukwá vivem na mesma aldeia.

"Quando um índio entra em contato com outras culturas, perde a sua individualidade e no impacto com a civilização não encontra o seu lugar", afirmou-nos Orlando Villas-Boas. "Daí", acrescentou, "a finalidade do parque, que é a de preservar o índio e o seu patrimônio cultural, pois a perda de seus costumes e valores espirituais implica seu desaparecimento como povo. Dessa forma, o contato entre brancos e índios fica sendo de povo para povo, havendo então um respeito mútuo. Além disso, as terras, a flora, a fauna e as belezas naturais do parque estão sujeitas ao regime especial do Código Florestal, preservando assim o local para as futuras gerações".

A ação dos Villas-Boas entre os índios é puramente material. Fornecem ferramentas que possam auxiliar o índio sem forçar ou mudar os seus costumes. Prestam ainda, através da colaboração de médicos e dentistas, assistência necessária à manutenção da saúde dessa população.

O Xingu é uma experiência pioneira. Para a sua consecução, os Villas-Boas contaram com a colaboração de vários etnólogos brasileiros e de inúmeras outras pessoas, entre elas o próprio marechal Rondon.

Os Villas-Boas, por meio de sua ação, não permitiram que os índios fossem transformados em meros caboclos marginais à civilização. Por esse motivo, a exemplo de Rondon, passarão a fazer parte, um dia, da história do Brasil.

Coincidindo com a assinatura de um convênio estabelecido entre o Parque Nacional do Xingu (diretor: sertanista Orlando Villas-Boas) e o Instituto de Medicina Preventiva da Escola Paulista de Medicina (diretor: professor Walter Leser), médicos e cirurgiões-dentistas efetuaram intenso trabalho de pesquisa científica nessa área, na primeira quinzena deste mês. O convênio estabelecido entre as duas instituições tem por finalidade efetuar uma análise das necessidades médicas dessa comunidade.

OS ÍNDIOS DO XINGU CONHECEM A MEDICINA DOS BRANCOS, MAS NÃO DISPENSAM O PAJÉ

Os índios do Parque Nacional do Xingu não acreditam que os mosquitos possam ser transmissores de doenças. Sabem, entretanto, da eficácia dos remédios dos civilizados, principalmente nos casos de malária.

Por esse motivo, os médicos que realizam pesquisas científicas nessa área são bem recebidos. Os índios não dispensam, porém, os seus médicos-feiticeiros – os pajés –, que curam doenças causadas por influências de espíritos como Jacuí, Acucu, Anhangu e Olei, além das dores de cabeça, dos olhos e dos dentes.

Um índio está caçando ou pescando e ouve o ruído característico de um determinado espírito. A partir desse momento, considera-se doente. Ele se julga atingido pela influência maléfica do espírito e volta imediatamente à sua oca, deita-se na rede e manda chamar o pajé. Não diz nada à família.

O pajé não diagnostica a doença. Apenas indaga do índio o que aconteceu. Depois de saber qual o espírito que "pegou" o índio, começa a fumar um cigarro feito de tabaco silvestre e, soprando a fumaça sobre o paciente, vai removendo as influências más que o índio recebeu. O pajé organiza também uma cerimônia de invocação desse espírito, para que este traga de volta a parte do espírito do índio que foi raptada. Se o índio morrer, esse fato não traz desprestígio para o pajé porque o espírito queria mesmo levá-lo para o seu grupo.

As curas podem ser feitas por um pajé bom ou por um pajé mau. Ambos realizam curas pelos mesmos métodos, principalmente massagens e extração do "objeto"; não há, aparentemente, conhecimento maior ou mesmo melhor de um em relação ao outro. Também nenhum pajé se especializa em determinada doença ou determinado espírito.

No início de suas atividades, um pajé não é nem bom nem mau. Ele se torna mau quando seus conhecimentos passam a ser dirigidos contra as pessoas ou contra toda a tribo. Esse fato poderá trazer-lhe situações bem desagradáveis, principalmente se os índios da aldeia concordarem em que da sua execução depende a sobrevivência da tribo. Essa execução, justificável dentro do conceito cultural em que vivem, é provocada pela certeza de que a "feitiçaria ruim" lançada pelo pajé mau está provocando a morte de diversas pessoas. Na maioria dos casos, essa execução recebe plena aprovação dos membros da tribo.

Jacuí, que habita o fundo das águas, provoca uma moleza muito grande no corpo, além do *acup* (febre). Quando um índio fica muito doente por interferência de Jacuí, ele tem a obrigação de mandar fazer uma flauta especial, para que o espírito dance quando ela for soprada e assim fique satisfeito. Cada flauta tem um som característico, só seu, e é tocada apenas na casa reservada às danças do Jacuí, onde as mulheres não podem entrar, pois são proibidas de olhar esses instrumentos.

Anhangu, que mora nos pantanais, provoca no corpo dores intensas. Já Olei geralmente é encontrado nas áreas de plantação de mandioca e quem ouve o seu canto fica bem doente.

Acucu é o espírito dos bugios, que pega o índio e o leva para vários lugares. Ele passa a correr de um lado para outro, sobe em árvores e nas casas. Fica fora de si e desligado da realidade. Quando volta desse verdadeiro transe, conta por onde andou. Refere, por exemplo, que viu aldeias desconhecidas e que ouviu vozes de pessoas já falecidas. Por esse motivo, os índios acham que sob a influência desse espírito a pessoa vive aquele momento em um plano diferente e em contato com os mortos. Seus parentes não se preocupam com o fato porque o pajé resolve o problema.

Uma importante observação do sertanista Cláudio Villas-Boas é que os silvícolas encaram os espíritos sob o prisma de que estes nunca os querem matar. Os espíritos não odeiam os índios nem querem lhes tirar a vida. Apenas desejam conquistá-los para o seu grupo.

Os índios da área do Alto Xingu, isto é, da região compreendida pelos afluentes do rio Xingu, não acreditam na existência de espíritos que os protejam. Também não têm um Deus que seja atuante. Os índios consideram que seus deuses são mortos e que deixaram como herança os costumes, práticas religiosas e principalmente descendentes, que são os próprios índios. São, então, como informa Cláudio Villas-Boas, uma continuação dos heróis culturais do passado. Esses índios não fazem a adoração do Sol, do trovão, nem de outros fenômenos da natureza.

Uma doença mental, para esses índios, é considerada como um processo natural. Isto é, a pessoa nasce, cresce e morre com a doença, sem nenhum espírito ter culpa de nada. Não tratam um doente mental como estando sob a influência de um espírito, mas sim como uma pessoa realmente doente. "Pessoa errada", dizem.

Quando uma criança é mentalmente retardada, seus pais ficam muito tristes e com vergonha dos outros "por ter coisa feia entre eles". Não chamam o pajé para curá-lo porque dizem que esse índio "é ignorante, não sabe nada, é bobo, não foi espírito que pegou, não sabe nada mesmo". Nos três casos de crianças retardadas observadas no Xingu, nos últimos anos, os pais mostraram-se sempre solícitos e carinhosos. Nunca os abandonaram e não lhes deixaram jamais faltar alimentos.

Sariruá, o melhor dos pajés do Alto Xingu, é também cacique da tribo Yawalapiti. Um dia ele estava no mato, trabalhando, quando de repente viu um bicho. Foi atrás dele e se perdeu. Seus irmãos Kanato e Uaranako foram procurá-lo e não o acharam. Quando a noite chegou, encontrou o caminho da aldeia e dirigiu-se para casa gritando. Seus familiares e os três pajés da tribo estavam à sua espera. Chegando junto aos pajés, que estavam sentados, rodeou-os por três vezes e em seguida sentou-se atrás deles.

Uaranako, seu irmão mais velho, um dos pajés, deu-lhe um airi, que é o cigarro que os pajés fumam. A partir desse momento, tornou-se um pajé e nesse dia seu olho ficou diferente.

Diz Sariruá que a partir de então passou a "enxergar coisas que ninguém sabe". Passou a ver que estava doendo no peito de um índio; chamou-o e disse que "ali não estava bom". Passou na região a mão aberta e em seguida fechou-a sobre o local da dor, apreendendo entre os dedos a causa da doença. E a dor desapareceu.

Quando um índio fica doente, Sariruá é chamado à sua casa. E é assim que ele descreve, em português acessível, a cura que faz: "Quando está ruim de doente, eu trabalho com dois cigarros bem compridos. Aí então, quando acaba o cigarro, eu corre e aí morre. Fica respirando depressa e de repente acorda e vai correndo para o mato. Só se lembra que corre. Aí volta e, com feitiço que achô no mato, põe no lado da cama do doente. Aí o doente melhora".

O cigarro que Sariruá faz é de airi, um tabaco silvestre. O fumo é envolvido por uma folha de uma planta (airi-paná) e finalmente é amarrado com um fio de buriti. Ele acende o cigarro em uma brasa, soprando, e em seguida começa a tragá-lo rapidamente, tirando-o da boca apenas por uma fração de segundos. Nesse momento, respira profundamente. Imediatamente recomeça a fumar e só para quando "morre". Como fuma em pé, uma pessoa estrategicamente colocada por trás o segura quando cai e deita-o delicadamente no chão. Alguns segundos depois, acorda e sai correndo em direção à mata.

Para os índios, um pajé é realmente um médico. Ele cura dor no peito, dor de cabeça, dor de olhos, dor de dente. "Enfim, cura todas as doenças", segundo Aritana, um forte rapaz de aproximadamente 17 anos, filho de Kanato e sobrinho de Sariruá. Um dia, Aritana estava com dor de cabeça. E foi assim que nos descreveu a sua cura: "Ficou bem forte a dor de cabeça. Ficou bem ruim e caiu na rede e sofria muito e não podia dormir. Minha mãe, Tepuri, foi chamar o pajé. 'O que você tem?', perguntou o pajé quando chegou. Eu respondi: 'Eu tenho dor de cabeça bem forte'. Aí falei: 'Por favor, você quer curar minha doença da cabeça?'. Pajé respondeu: 'Tá bom'. Então ele pegou uma folha e enrolou nela um tabaco da sua plantação particular. Depois o pajé começou primeiro a jogar fumaça no lugar da cabeça onde doía. Depois pegou a cabeça com a mão e pegou lá dentro a doença e mostrou um objeto branco e disse: 'É isso que está fazendo a dor. Eu tirei a dor e agora vou tirar mais ainda e você não vai sentir mais nada'. Repetiu dez vezes as mesmas palavras, sempre pegando a cabeça no local da dor. Depois de pouco tempo, passou a dor de cabeça e ficou assim por muito tempo".

Um pajé pode ter dois fortes e sérios concorrentes. O primeiro, um índio qualquer quando lança "feitiço" contra outro; o segundo, o "curador de ervas". Para Sariruá, feitiço que um índio põe em outro "é pra morrer". Cláudio Villas-Boas explica que feitiço de índio para índio é por eles considerado incurável porque, segundo creem, o feitiço jogado penetra profundamente no corpo e não pode ser removido pelo pajé. Nos seus estertores, se um índio indicar a seus parentes a pessoa que lhe jogou o feitiço, eles procurarão vingar-se, quer seja o responsável um simples índio ou, então, um temido pajé.

O "curador de raízes" (*iraneua-kiti*) também aplica o seu tratamento, porém de forma diferente da do pajé. Essa função, em algumas aldeias, é também acumulada pelo próprio pajé.

Na tribo Yawalapiti, essa concorrência fica em família. Kanato, irmão de Sariruá, pajé da tribo, é o "curador de raízes". Os problemas que Kanato resolve já são mais reais e imediatos. Porém, os mais importantes, para os naturais da região, são os que o pajé enfrenta.

Quando os remédios dos brancos ainda não estavam ao alcance dos índios, Kanato era chamado assim que um indivíduo tinha *imataki*, um quadro semelhante à febre dos civilizados. Ele ia ao mato e procurava a raiz de uma planta chamada *irana*. Levava aos familiares do doente e recomendava: "Raspar bem e misturar com um pouco de água. Passar logo depois no lugar onde está doendo. Passa de manhã e, quando o sol está em cima da cabeça, chamar eu para ver se está melhorando". Nessa segunda visita, se o doente apresentava melhoras, repetia a mesma indicação. Não havendo alteração no quadro, procurava outras raízes.

Para a terapêutica da impotência tem de ser empregada uma planta difícil de ser encontrada – um parasita de uma árvore. Ao entregar o "remédio", Kanato manda o paciente quebrar os galhos e passar o visgo da planta sobre o membro afetado. Essa aplicação tópica é feita logo pela manhã e a resposta, se positiva, deverá ser imediata. Se depois de alguns dias de tratamento, sempre pela manhã, não for obtida uma resposta positiva, o curador de raízes diz que o "órgão morreu". E recomenda pura e simplesmente ao índio não pensar mais no caso.

Para a mulher evitar a concepção, é feita uma beberagem da raiz de uma árvore parecida com cipó (sabor amargo), que é tomada apenas durante três dias, após as relações. Nesse mesmo período, e também após as relações, o mesmo líquido é empregado localmente. Segundo Kanato, as mulheres com esse tratamento não ficam mais grávidas. Quando querem novamente ter filhos, tomam uma infusão de outra raiz e recuperam a capacidade de procriar.

A necessidade de uma mulher do Alto Xingu provocar um aborto ocorre somente quando existe um atrito entre o marido e sua esposa e ele a expulsa de casa, e não com a finalidade de evitar filhos, pois as indígenas gostam muito de crianças e as querem muito bem.

Quando Kanato fornece a raiz que provocará a expulsão do feto, recomenda cortá-la em pedaços e pôr em uma panela com muita água. Não é misturada com qualquer outra raiz ou mesmo com uma substância qualquer. "A mulher vai tomando até começar a doer, que é o sinal de que vai perder a criança. Toma um pouco e espera. Se não acontece nada, toma outra vez, mas não toma muito porque o líquido é muito amargo e pode matar a mulher", diz Kanato. Vários casos de expulsão prematura de feto, após a ingestão desse infuso, já foram observados. O líquido foi tomado durante três dias seguidos e no último dia o feto era expulso.

CIENTISTAS ANALISAM A SAÚDE DO ÍNDIO DO ALTO XINGU

Nos índios do Xingu não têm sido observados casos de infarto do miocárdio ou de outras doenças do coração. Os doutores Duilio Ramos Sustovich e Roberto G. Baruzzi e suas equipes transportaram, graças à cooperação da Força Aérea Brasileira, um laboratório clínico completo com a finalidade de estudar particularmente esse aspecto da saúde do indígena. Exames das várias frações lipídicas do sangue foram realizados e, ainda, dosagem da taxa de açúcar, para ver se existem diabéticos entre os índios. Da pesquisa faz parte também a dosagem de sódio e potássio no plasma e na urina desses índios, pois a substância por eles usada como sal contém mínima quantidade de sódio e grande de potássio, ao contrário do nosso sal.

No campo da medicina tropical, fizeram um levantamento sobre a incidência de leishmaniose, moléstia de chagas e esquistossomose e estudaram vários casos de lesões da pele, de ocorrência rara (blastomicose queloideana).

BORRACHUDO É UMA PRAGA QUE PRECISA ACABAR

No Xingu, o professor D'Andretta e sua equipe encontraram o criadouro do pium (ou borrachudo), cientificamente conhecido como *Simulium amazonicum*, em uma zona alagadiça. Esse será o ponto de partida para estudos futuros, o que permitirá maiores conhecimentos e controle dessa praga, que causa tremendos incômodos e transtornos. Foram colhidas pupas e larvas para criação em condições de laboratório para trabalhos de sistemática, a fim de dirimir dúvidas sobre espécies semelhantes existentes na região.

Ainda como parte dos trabalhos científicos desenvolvidos, foi iniciado um estudo epidemiológico sobre a malária nessa região. Procurarão verificar qual a prevalência de espécies de *Plasmodium* (*falciparum, vivax* ou *malariæ*), determinando assim o índice da parasitemia. Além da captura de insetos de interesse médico para verificar a fauna local, foram coletados anofelinos (o mosquito transmissor da malária) para a respectiva determinação da espécie.

Folha de S.Paulo, 30.7.1966

Mortalidade infantil: já são conhecidas as suas causas

Em relação à mortalidade infantil existe uma relação direta entre a ausência de saneamento básico (água tratada e destino adequado dos dejetos) e o número de óbitos, a desnutrição e a ausência de educação. Áreas que não dispõem de saneamento básico apresentam elevada taxa de mortalidade infantil, enquanto em áreas mais desenvolvidas, que dispõem desses recursos, a taxa é bem menor.

Para o professor Walter Leser, coordenador da mesa-redonda sobre mortalidade infantil, última sessão científica do 18º Congresso Brasileiro de Higiene, o problema da mortalidade infantil tem de ser considerado com base em um tripé constituído por saneamento básico, especialmente abastecimento de água e destino dos dejetos; nutrição, que está vinculada a aspectos socioculturais e econômicos; e educação. Para minorar as consequências das falhas que houver nesse conjunto de fatores é que existe a assistência médica, que procura corrigir, na medida do possível, essas falhas.

Ressaltou ainda o professor Leser que, pelo crescimento da população nas áreas periféricas, onde não há ainda rede de abastecimento de água, e pela redução do coeficiente de natalidade nas áreas onde moram as classes média e alta, há uma parcela cada vez maior de crianças que nascem e ficam concentradas em áreas onde as condições sanitárias e socioeconômicas são menores. Temos, então, cada vez mais, crianças expostas ao risco de uma morte prematura.

Uma das esperanças do professor Leser é que, com o término das obras do Sistema do Juqueri, passe a haver abastecimento de água nessas áreas, passando-se então a ter uma nova inversão do coeficiente de mortalidade infantil em São Paulo. Na realidade, este é um problema de saúde pública que deverá ser resolvido pela Secretaria de Obras do Estado.

Para o doutor José Duarte de Araújo, secretário de Saúde da Bahia, Salvador tem mostrado nos últimos quatro anos uma considerável redução do nível de mortalidade infantil. De um nível de 121 óbitos por mil crianças nascidas vivas no ano de 1964, passou-se para o nível de 73 óbitos por mil crianças nascidas vivas em 1969. Esse decréscimo o doutor Duarte de Araújo atribuiu principalmente ao aumento do serviço de abastecimento de água tratada fornecido à população, que passou de 23% em 1964 para 70% atualmente.

Concluiu o secretário de Saúde da Bahia que com esses dados pode-se argumentar que o fator mais importante para a redução da mortalidade infantil é o saneamento básico do meio, especialmente o abastecimento de água tratada, sendo fator secundário a expansão dos serviços médicos puramente assistenciais.

O doutor Nelson Moraes, professor de medicina preventiva da Faculdade de Ciências Médicas da Guanabara [atual município do Rio de Janeiro], afirmou que a mortalidade infantil no Brasil acompanha inversamente a distribuição da renda nacional. Ela é alta nas regiões pobres, como o Nordeste, e é bastante razoável em regiões de grande renda *per capita*, como Guanabara e São Paulo.

Explicou o doutor Nelson Moraes que uma estimativa recentemente feita por ele para o Brasil apontou a mortalidade infantil como sendo atualmente de 105 óbitos de menores de um ano por mil crianças nascidas vivas. Exceto no Nordeste, onde a taxa está no nível de 180 óbitos, todas as demais regiões estão na média de setenta a noventa óbitos por mil crianças nascidas vivas. "É o Nordeste", ressaltou, "que está fazendo a média nacional por mortalidade infantil estar muito acima. Entretanto, mesmo essa média de 105 óbitos ainda é muito elevada se comparada com outros países como a Suécia e a Holanda, que estão com treze óbitos por mil crianças nascidas vivas", acrescentou.

Referiu ainda o especialista a uma situação peculiar existente no Norte e Nordeste, que têm uma renda *per capita* muito semelhante. Apesar disso, entretanto, a mortalidade infantil é alta no Nordeste e baixa no Norte. A explicação para esse fato é que a mortalidade infantil é em grande parte provocada pelas diarreias infecciosas. E a única barreira contra as infecções intestinais é a barreira da limpeza, que tem de ser feita com água.

"No Norte, há uma pequena população cercada de água por todos os lados; no Nordeste, uma pequena quantidade de água cercada de gente por todos os lados", disse. Dessa forma, no Nordeste, a água é utilizada quase que exclusivamente para beber e cozinhar e não é empregada para limpeza. Essa mesma água, no Nordeste, tem os seus rios com cursos de pequeno volume e ao passar por várias cidades vai-se poluindo. Na Amazônia, esse fato nunca ocorre.

O doutor Nelson Moraes mostrou, ainda, um estudo da Organização Mundial da Saúde no qual é ressaltado o papel do saneamento na redução da mortalidade infantil. Na Venezuela, a simples introdução de água em uma cidade contribuiu decisivamente para uma elevada redução nos níveis de mortalidade infantil.

Concluindo, disse o sanitarista que muitos alegam que uma boa assistência médica seria capaz de resolver o problema da mortalidade infantil, uma vez que esse problema em grande parte é provocado pelas diarreias. Na realidade, a assistência médica é necessária, mas não resolve o problema porque não consegue evitar que a criança se desidrate com a diarreia. Além disso, o problema da assistência médica está diretamente ligado à capacidade econômica da comunidade: trabalho elaborado há pouco mostrou que em cidades brasileiras onde não existem agências bancárias, coincidentemente, não existem médicos para assistir aquelas populações. Por conseguinte, o problema da assistência médica só será resolvido, em última análise, através do desenvolvimento econômico da região.

O doutor Rui Laurenti, do Departamento de Epidemiologia da Faculdade de Saúde Pública da Universidade de São Paulo (USP), apresentou os resultados sobre causas de mortalidade infantil em crianças de um a quatro anos em São Paulo relativos ao período de junho de 1968 a maio de 1969. Observou que a mortalidade neonatal e a mortalidade infantil tardia apresentam valores praticamente iguais, com discreta superioridade desta última (50,15%). Desse ponto de vista, São Paulo está numa transição entre o que se observa em áreas desenvolvidas e naquelas subdesenvolvidas.

Quanto à importância relativa de algumas causas, observou que as doenças infecciosas foram responsáveis, respectivamente, por 31,23% e 32,76% da mortalidade em menores de 1 ano e em crianças de 1 a 4 anos. Dentre as doenças infecciosas, a gastroenterite foi o grande grupo responsável, sozinho, por 26,01% dos óbitos por todas as causas em menores de 1 ano.

Salientou ainda o doutor Laurenti que, sabendo-se que as gastroenterites dependem, essencialmente, de condições de saneamento do meio, a redução dessa causa poderia diminuir grandemente a mortalidade infantil.

Para o doutor Cornélio Pedroso Rosenburg, diretor da Divisão de Assistência Escolar da Prefeitura e professor da Faculdade de Saúde Pública da USP, há uma relação entre a alta do custo dos alimentos (em relação aos níveis de salário mínimo que não a acompanharam) e a elevação das taxas de mortalidade infantil em São Paulo.

A mortalidade infantil diminuiu em São Paulo, de 1950 a 1967. A partir de 1951, houve um decréscimo progressivo da mortalidade, principalmente à custa da diminuição da mortalidade infantil. A partir dessa época, um novo acréscimo devido à mortalidade neonatal.

O doutor Cornélio explicou que São Paulo se coloca dentro de uma situação sanitária característica, em que se pode verificar que a capital é uma área onde prevalece o binômio desnutrição-diarreia e na qual existe um dispositivo funcionante relativamente suficiente para, em que pese a alta incidência das diarreias infantis, impedir os altos níveis de mortalidade correspondentes.

A seguir, mostrou uma correlação entre a evolução do salário mínimo e o custo de vida e de alimentação no período 1956-64, no qual, apesar de haver uma supremacia do custo de vida em relação ao salário mínimo (96,1%), a mortalidade infantil continuou caindo. No mesmo período, o custo com a alimentação, em particular o leite, sofreu um aumento de 32% em relação ao salário mínimo.

De 1961 a 1969, o custo da alimentação subiu em 188,5% e foi a partir dessa época que os níveis de mortalidade infantil passaram a subir em São Paulo. Concluiu o doutor Rosenburg que esse fato deve ser mais do que uma coincidência.

Comunicação científica no 18º Congresso Brasileiro de Higiene, na Faculdade de Medicina da Universidade de São Paulo, de 26 a 31 de outubro de 1970.

Saúde: saneamento básico é o elemento fundamental

Uma declaração e uma série de recomendações dos participantes do 18º Congresso Brasileiro de Higiene foram debatidas e votadas na sessão de encerramento do conclave e aprovadas por unanimidade pelo plenário. A declaração é a seguinte: "O 18º Congresso Brasileiro de Higiene manifesta a sua veemente convicção de que as atividades de saneamento básico, especialmente no referente ao abastecimento de água e ao destino adequado de dejetos, constituem elemento fundamental para a elevação dos níveis de saúde das populações, devendo merecer posição de mais alta prioridade em todos os programas governamentais".

O 18º Congresso Brasileiro de Higiene fez as seguintes recomendações, que apresentamos de forma resumida:

Fome endêmica: que o Ministério da Saúde inclua entre as suas atividades prioritárias as de alimentação e nutrição e que os demais órgãos competentes nos setores públicos e privados estimulem vigorosamente o aumento da produção de alimentos proteicos, inclusive pela criação de novas fontes, visando à diminuição do seu custo e à extensão do seu consumo à população de baixo poder aquisitivo.

Resíduos de pesticidas em alimentos: que seja estabelecido um programa de trabalho a ser realizado em nível estadual e federal por técnicos da Saúde, com os seguintes objetivos: a) intensificar os estudos relativos a resíduos de pesticidas em alimentos, de modo a indicarem qual o teor real de pesticidas ingeridos diariamente pela população do Brasil; b) verificar se o teor de resíduos dos diversos pesticidas ingeridos diariamente não ultrapassa a dose diária aceitável para o homem e particularmente para os lactentes, tendo em vista a contaminação do leite materno e de vaca por pesticidas que se armazenam nas gorduras; c) solicitar a colaboração de técnicos da Agricultura no sentido de que seja efetuada uma fiscalização severa quanto à aplicação correta de pesticidas tanto na lavoura como na pecuária.

Higiene dos alimentos: o 18º Congresso Brasileiro de Higiene reforça sua confiança na ação do Ministério da Saúde e de seus técnicos e considera que o objetivo de repetidas tentativas com as quais se tem pretendido retirar do Ministério da Saúde as atribuições a ele conferidas não se coaduna com os altos interesses da saúde da população. Recomenda que sejam elaboradas pela Comissão Nacional de Normas e Padrões para Alimentos, com a possível urgência, normas de qualidade e identidade para alimentos, aplicáveis às condições peculiares do país.

Higiene da alimentação: que o Ministério da Saúde organize com urgência o seu órgão competente para que possa cumprir o que determinam os diplomas legais.

Malária: que o Ministério da Saúde mande proceder à revisão da estratégia e das normas de combate à malária, no que couber, visando a adequá-las à realidade da conjuntura brasileira e às condições regionais a fim de obter maior rendimento dos recursos técnicos e financeiros disponíveis e, consequentemente, melhores benefícios às populações expostas à endemia.

Esquistossomose: que o Ministério da Saúde elabore plano de combate à esquistossomose, com base no estudo epidemiológico dos focos e aplicação das medidas adequadas a cada caso, independentemente de aguardar os resultados finais que poderão advir dos planos pilotos.

Esquistossomose e irrigação: considerando a compreensão já demonstrada pelos órgãos do Ministério do Interior, que promoveu a inclusão no Grupo Executivo da Irrigação e Desenvolvimento Agrário de um representante do Ministério da Saúde para o estudo dos planos de irrigação, reitera a necessidade de articulação interministerial para impedir expansão ainda maior da endemia.

Raiva: o 18º Congresso Brasileiro de Higiene recomenda aos órgãos oficiais a necessidade da intensificação das atividades relacionadas à prevenção da raiva, em especial à organização de um sistema eficiente de registro nas unidades sanitárias; à organização e aperfeiçoamento de um sistema para diagnóstico histopatológico e de laboratório que atinja também as áreas do interior do país; ao desenvolvimento de maior integração entre as unidades sanitárias e as prefeituras municipais nos programas de controle da raiva.

Imunização básica: que sejam considerados como de alta prioridade os programas de imunização básica, com especial atenção para a difteria, o tétano, a pólio e a varíola, incluindo-se também o sarampo, sempre que possível. A vacinação contra a coqueluche, embora não apresente eficácia comparável à das demais, deve também ser estimulada.

Tuberculose: 1 – que, dada a ausência de inconvenientes e facilidade de aplicação do BCG oral e dada a ausência de estudos que demonstrem a sua eficiência de forma conclusiva e de maneira aceitável internacionalmente, seja realizada a comparação entre os métodos de vacinação pelo BCG intradérmico e oral, em ensaios de campo controlados, planejados de forma a assegurar a validade dos seus resultados. 2 – que os serviços de tuberculose sejam integrados aos planos gerais de saúde pública.

Acidentes por picadas de animais peçonhentos: considerando a necessidade da divulgação de orientação atualizada sobre o atendimento a acidentes por animais peçonhentos e da padronização da atenção médica nesse setor, recomenda-se aos órgãos competentes de saúde a elaboração de normas técnicas sobre o assunto.

Saúde pública e veterinários: que os serviços de saúde pública incluam, em seus quadros, médicos-veterinários em número compatível com o desenvolvimento das atividades sanitárias que lhes são próprias.

Laboratórios de saúde pública: que os governos federal e estaduais destinem os recursos materiais e humanos necessários aos laboratórios de saúde pública e de produção de vacinas, soros e outros agentes profiláticos.

Educação sanitária: o congresso considera de alta importância e recomenda que seja estimulado, nas escolas de formação de professores primários, o ensino adequado de assuntos de saúde, levando-se em consideração os problemas sanitários regionais, para o que se torna necessária maior coordenação entre os serviços de educação e de saúde.

Comunicação científica no 18º Congresso Brasileiro de Higiene, na Faculdade de Medicina da Universidade de São Paulo, de 26 a 31 de outubro de 1970.

Melhores dias para a saúde do brasileiro

Ao contrário do que comumente se pensa, a saúde de uma população não depende do médico, mas de uma complexidade de fatores em que entram várias profissões paramédicas, os engenheiros sanitaristas e os economistas, entre outros.

Dessa forma, para se saber se a saúde de uma população em um determinado período melhorou, podem-se usar os denominados indicadores de saúde. Em especial, como estão se comportando os índices de mortalidade, o coeficiente de mortalidade infantil e também o coeficiente de mortalidade por doenças transmissíveis, que são também ótimos indicadores de nível de saúde.

Na última reunião anual da Sociedade Brasileira para o Progresso da Ciência (SBPC), realizada no ano passado na Guanabara, os professores João Yunes e Vera S. C. Ronchezel, da Faculdade de Saúde Pública da Universidade de São Paulo, analisaram a evolução da mortalidade geral para o Brasil. Observaram que a tendência nas capitais foi a queda: em 1941, o coeficiente era de 19,25 óbitos por mil, passando para 10,12 no ano de 1970, indicando uma redução de 47,5% em trinta anos.

Os autores comparam também em seu trabalho os dados do Brasil com a área mais desenvolvida da região Sudeste e mesmo do país, o Estado e o município de São Paulo. Notaram que o coeficiente de mortalidade geral para o Brasil encontra-se mais elevado que o apresentado pelo Estado e maior ainda em relação ao município, sugerindo, portanto, pior nível de saúde.

A mortalidade geral no município de São Paulo variou de 27,4 no ano de 1918 para 9,3 óbitos por mil habitantes no ano de 1969. Para o Estado, a variação foi de 16,9 em 1930 para 7,9 por mil habitantes em 1970. A queda da mortalidade geral para o Brasil no último decênio foi mais lenta, apresentando coeficientes em torno de dez óbitos por mil habitantes. Comparando-se esse coeficiente com os de outros países (Estados Unidos, 9,4; Canadá, 7,3; URSS, 8,2; Japão, 6,9; e Chile, 9), o nosso coeficiente pode ser considerado elevado, principalmente por nossa população ser bem mais jovem, uma vez que 41,79% têm menos de 14 anos de idade. Esses dados indicam, portanto, ainda um insatisfatório nível de saúde da população brasileira.

Como os dados analisados foram baseados nas capitais dos Estados em que a situação foi considerada precária, admitem os especialistas que o nível de saúde seja bem pior para o Brasil como um todo, uma vez que a concentração dos recursos encontra-se nas grandes cidades.

Na verdade, o que depende do Ministério da Saúde para a melhoria dos níveis de saúde é muito pouco, já que é praticamente impossível a um único órgão efetuar uma função executiva em todo o Brasil. Essa ação seria mais das Secretarias de Saúde dos Estados, coadjuvada por uma ou outra atuação federal.

No campo da saúde pública, o Ministério da Saúde está na dependência dessas secretarias, excluindo a parte de saneamento, que é de competência do Ministério do Interior. Então, é importante saber qual a percentagem da população que tem água devidamente tratada e qual a população que nos últimos anos passou a ter água e esgoto e antes não tinha.

As deficiências no saneamento básico são grandes: dos 3.950 municípios existentes em 1969, 43,3% não têm abastecimento de água e 59,3% não têm esgoto. A maior deficiência se verifica na área urbana, pois 45% dos domicílios não têm abastecimento de água servido pela rede geral e 70,2% não possuem instalações sanitárias ligadas à rede geral.

Os dados disponíveis até 1970 mostram, pelo menos no Estado de São Paulo, que o salário mínimo real veio decrescendo de 1961 a 1970. Isto quer dizer que diminuiu a capacidade aquisitiva da população, em particular das classes desfavorecidas. Esse fato teve como consequência, para as classes mais pobres, a queda da capacidade aquisitiva, em especial dos alimentos, já que luz e condução não podem ser cortadas do orçamento doméstico. Mas a alimentação é cortada, resultando na desnutrição crônica.

A Organização Mundial da Saúde patrocinou a investigação interamericana de mortalidade na infância, efetuada em várias cidades latino-americanas. Esse inquérito mostrou que em cidades como Recife e São Paulo o maior percentual como causa de mortalidade infantil foi devido à desnutrição.

Na realidade, a prioridade estabelecida nesses últimos dez anos foi o desenvolvimento econômico. Houve uma escolha. Não seria justificável essa atitude e não seria defensável sacrificar as outras necessidades para conseguir apenas uma seriamente. Provavelmente a partir desse desenvolvimento econômico e já então com os recursos adequados poder-se-ia intervir adequadamente em outras áreas, como a saúde.

Na verdade, isso é admissível. Mas por quanto tempo será válido esse raciocínio? Por quanto tempo poder-se-á conseguir desenvolvimento econômico sem desenvolvimento paralelo no campo da saúde pública, para dar condições à população para enfrentar um trabalho mais produtivo, para diminuir o número de horas perdidas em doenças e os grandes recursos gastos na medicina curativa?

Por outro lado, até quando se poderá ter um desenvolvimento econômico sem que a população esteja adequadamente preparada para esse desenvolvimento, como a formação de técnicos e uma tecnologia própria? O que se tem feito é preparar milhares de advogados, psicólogos e outros profissionais liberais. Haverá forçosamente, em breve, falta de pessoal de nível médio para as necessidades de desenvolvimento industrial.

É necessário pensar agora que o nosso equilíbrio se baseia em um tripé: desenvolvimento econômico, educacional e de saúde. Na falta de um pé do tripé, por algum tempo poderá ser mantido o equilíbrio. Mas fatalmente ele cairá se não houver um apoio adequado.

Se de um lado os indicadores de saúde não mostram dados lisonjeiros, por outros parâmetros pode-se inferir reais progressos alcançados na área da saúde pública nestes últimos anos.

A varíola, uma doença transmissível que causava tantos temores antigamente, está praticamente erradicada de todo o país em decorrência dos programas de imunização realizados pelos governos estaduais e, em algumas regiões, pelo Ministério da Saúde, conforme assinala o professor Rodolfo dos Santos Mascarenhas, da Faculdade de Saúde Pública da USP. A malária foi também quase erradicada em muitos Estados brasileiros. Existem, entretanto, focos na Amazônia, principalmente da terçã maligna, cujo agente etiológico oferece resistência ao tratamento pelos medicamentos atualmente conhecidos.

Graças à vacina Sabin, de fácil aplicação, foram desenvolvidas intensas campanhas de imunização contra a paralisia infantil, que já deixou de ser uma doença epidêmica no Brasil. Eventualmente poderão surgir pequenos surtos esporádicos da doença, demonstrativos de falhas nas campanhas de imunização, seja por parte das autoridades sanitárias, seja porque as mães não foram devidamente motivadas para levar seus filhos aos postos de vacinação.

A doença de Chagas está sob controle em muitas regiões do país, graças à aplicação em massa do BHC em casas de zonas rurícolas. Como não é possível calcular a prevalência da doença de Chagas (uma vez infectado, o indivíduo apresenta reações sorológicas positivas durante toda a sua vida) e como não existe um tratamento específico para a doença, a campanha contra o mal tem que se basear no combate ao agente transmissor.

Outro aspecto positivo foi a melhoria da imunização coletiva da criança contra a difteria, tétano e coqueluche (vacina tríplice) e contra o sarampo.

A vacina tríplice, fabricada por alguns governos estaduais ou comprada pelo Ministério da Saúde, vem sendo cada vez mais aplicada em crianças de meses ou até 4 a 5 anos de idade. Com essa medida, reduziu-se o número de crianças afetadas por essas doenças. A vacina contra o tétano isoladamente já vem sendo aplicada em massa nos escolares, sendo até obrigatória, por lei federal.

O sarampo é uma grave enfermidade de elevada mortalidade na idade infantil. Entretanto, as recentes possibilidades de se imunizar em massa as crianças contra essa doença deram novas perspectivas ao problema, como ocorre em São Paulo. Infelizmente, a maioria dos Estados ainda não introduziu o programa de vacinação em massa contra o sarampo.

A proteção em massa contra a tuberculose, por meio da vacinação intradérmica, foi uma medida de grande expressão no país. Lamentável apenas que tenha sido o Estado de São Paulo o último a aceitar o BCG intradérmico, pois a tuberculose ainda se apresenta de forma significativa em nosso meio. O BCG dá uma maior resistência contra a afecção, mas não produz uma imunidade específica, como acontece com a vacina Sabin em relação à poliomielite.

Entretanto, alguns problemas persistem. Como o da esquistossomose, que se calcula afetar de 10 a 12 milhões de brasileiros. Para essa doença, não há um método profilático que possa ser considerado 100% eficaz, conforme assinala o professor Mascarenhas. Apenas existem algumas medidas que dão resultados para pequenos focos restritos, como o aterro de lagoas onde existem caramujos infetados.

A esquistossomose permanece em um crescendo contínuo, diminuindo a capacidade de trabalho de milhões de brasileiros, apesar dos esforços do governo federal na maioria dos Estados, e, em São Paulo, da existência de um órgão especializado da Secretaria de Saúde. Quanto ao seu tratamento específico, ainda se encontra em fase experimental para a sua aplicação em massa, pois tem revelado certo grau de toxidez.

Os problemas com o saneamento básico também são muito sérios, assinala o professor Mascarenhas. A urbanização em massa, fenômeno que ocorre em todo o país, tem agravado as questões ligadas ao saneamento do meio físico.

O município de São Paulo tinha em 1870 apenas 31.385 habitantes, representando 3,8% do total do Estado. Já em 1970 atingia 5.978.977 pessoas, perfazendo 33,3% do total da população do Estado. O município de São José dos Campos tinha em 1935 cerca de 28 mil habitantes; atualmente sua população é estimada em 240 mil; no município de Araraquara, só 17% de sua população residem na área rural.

Esses fatos trouxeram um agravamento dos serviços públicos, principalmente aqueles ligados ao saneamento básico do meio, como o sistema de abastecimento de água, rede de esgoto e o acondicionamento, remoção e destino do lixo.

Para isso contribui o loteamento desenfreado que é feito na periferia das cidades, com elevados lucros para os proprietários de terras, mas com prejuízos à saúde dos futuros moradores. E ao Estado, que depois é obrigado a intervir através de obras onerosas, e sempre tardiamente, pelo capital que a obra de saneamento local exige.

O professor Mascarenhas considera inevitável que o Estado desaproprie as terras ao redor das grandes e médias cidades e que o próprio governo proceda ao loteamento urbano. Dessa forma, seriam escolhidos locais adequados não só para a futura população desses terrenos, mas também para uma adequada extensão dos serviços públicos. Por outro lado, assinala que não deveria ser permitido o loteamento de terras em baixadas alagadiças ou às margens de córregos, que tantos problemas trazem aos governos estaduais e municipais.

Segundo o professor Mascarenhas, cabe ao governo federal estender englobadamente o subsistema de assistência médica do sistema de saúde da população. Um passo corajoso foi dado quando da unificação de todos os institutos de previdência, formando o Instituto Nacional de Previdência Social (INPS).

Mas a massa da população ainda recebe uma assistência inadequada após, muitas vezes, a permanência de horas em filas para conseguir uma consulta médica. A assistência delegada pelo INPS a grupos médicos é um fato relativamente novo, mas não resolveu o problema. O governo federal procurou recentemente reformular a questão, elaborando um Plano Nacional de Assistência. O atual governo criou um Ministério da Previdência, que englobará a assistência médica dada pelo INPS.

Uma medida realmente útil em termos de medicina curativa foi tomada com a criação da Central de Medicamentos (Ceme), com a finalidade de oferecer meios ao governo para a coordenação e controle do sistema nacional de produção, distribuição e comercialização de produtos farmacêuticos.

Além da distribuição gratuita à população dos medicamentos necessários ao tratamento médico, comprados de laboratórios, a Ceme visa à autossuficiência da matéria-prima farmacêutica e ao desenvolvimento tecnológico nacional, com a formação de técnicos para trabalhar em pesquisas que possam criar processos de fabricação estritamente nacional, dispensando com isso a importação desses produtos.

O Ministério da Saúde tem recebido várias estruturações nesse decênio, facilitadas atualmente por serem baixadas por meio de atos do presidente da República. Essas estruturações e reestruturações foram feitas em curto prazo e ao sabor dos ministros responsáveis momentaneamente pela pasta, não tendo sido jamais implantadas.

Cabe ao atual governo reestruturar desde já todo o Ministério da Saúde, com tempo suficiente para implantar a reforma em sua própria gestão. Um dos tópicos mais importantes é a legislação federal. A Constituição diz que cabe ao governo federal legislar sobre normas gerais de saúde. Esse tópico não foi ainda bem compreendido pelos vários órgãos do Ministério da Saúde, que tem baixado normas muito detalhadas para um país de regiões completamente distintas, que não podem ser vistas sob um prisma uniforme.

Folha de S.Paulo, 31.3.1974

A importância atual da imunologia

A imunologia estuda o organismo invasor, seus produtos, ou ambos, e principalmente analisa as complexas reações de resistência do hospedeiro, em particular o homem, ao organismo invasor. Essa definição de um dos campos que nos últimos anos produziu um verdadeiro impacto, pelos progressos que permitiu à medicina moderna, sofreu algumas modificações. Para a doutora Chloé C. Musatti, da disciplina de imunologia da Escola Paulista de Medicina (serviço do professor Nelson F. Mendes), a imunologia há muito tempo deixou de ser o ramo da microbiologia relacionado apenas à resistência a agentes infecciosos e passou a constituir uma disciplina autônoma, inter-relacionada com a maioria dos campos da biologia.

Refere a especialista ter sido o cientista Metchnikoff um pioneiro nesse campo ao declarar, em 1882, que a existência de fatores humorais não era suficiente para explicar os mecanismos de defesa. A importância do mecanismo de fagocitose por ele descrito, que consiste no englobamento de micróbios e outras substâncias estranhas por glóbulos brancos do sangue, foi aos poucos sendo aceita.

Porém, só nas últimas décadas, descobriu-se que a imunidade celular não consistia apenas na ação inespecífica dos fagócitos, mas que linfócitos maturados no timo eram os responsáveis por um tipo de imunidade específica, independente da dos anticorpos. O reconhecimento dessa dicotomia na resposta imunitária permitiu a caracterização de diversos tipos de deficiências imunológicas e sugeriu como estas poderão vir a ser controladas.

O sistema imunológico, como qualquer sistema biológico, está sujeito a falhas, explica a doutora Chloé Musatti. Não só por ausência de um ou mais de seus componentes, como no caso das deficiências imunológicas, mas também por desvios dos mecanismos que levam à proteção. Falhas no reconhecimento do que é próprio e do que é estranho podem induzir resposta imunológica agressora contra os próprios constituintes, como ocorre nas doenças autoimunes. Choques anafiláticos e alergias são o resultado da produção de anticorpos reagínicos contra determinados antígenos.

Com o advento da era dos transplantes, surgiu um enorme interesse em se estudar os mecanismos de rejeição, continua a especialista. Sabemos que a rejeição dos transplantes se dá por mecanismos imunológicos resultantes do reconhecimento de células geneticamente diferentes como estranhas. Métodos foram desenvolvidos para determinar a compatibilidade genética entre doador e receptor, a fim de evitar que transplantes sejam realizados entre indivíduos muito diferentes. Como a ocorrência de indivíduos absolutamente idênticos para os genes que controlam a rejeição é muito rara, métodos imunossupressores devem ser empregados.

O mecanismo de reconhecimento e rejeição de células da mesma espécie como estranhas, que tanto tem dificultado o êxito dos transplantes, tem uma importante finalidade biológica, que é a de eliminar do organismo células anormais, inclusive as cancerosas. Assim, a imunologia dos transplantes e a dos tumores podem ser encaradas como duas faces de uma mesma moeda.

Os conhecimentos no campo da imunologia têm se avolumado extraordinariamente nos últimos anos e contribuído não só para o esclarecimento de importantes mecanismos fisiológicos e patológicos, como também sugerido novos métodos terapêuticos.

Dentre as contribuições no campo da imunoterapia, a doutora Chloé Musatti cita a administração de imunoglobulinas para corrigir deficiências na produção de anticorpos, e restauração da imunocompetência celular, por meio de transferência de células imunologicamente competentes, de fator de estimuladores inespecíficos de linfócitos, utilizados em deficiências de imunidade celular, doenças infecciosas crônicas e neoplasias. No campo da imunoquímica, além de importantes avanços na pesquisa básica, novos e sensíveis métodos de diagnóstico têm sido desenvolvidos.

No campo da imunogenética, foram praticamente esclarecidos os problemas relacionados às transfusões de sangue e ao controle da doença hemolítica do recém-nascido, provocada por incompatibilidade no sistema Rh entre a mãe e o feto. Entretanto, ainda há muito a ser pesquisado no campo dos transplantes e das predisposições familiares a determinadas moléstias.

No campo da imunopatologia é cada vez maior o número de doenças em que se determina falha nos mecanismos de defesa ou envolvimento de mecanismos imunológicos agressores. É esse um campo sob intensa investigação, no qual novos conhecimentos se sucedem com uma rapidez que obriga clínicos e especialistas a constante atualização.

Se a metodologia para o diagnóstico de doenças que envolvem a demonstração de anticorpo e antígeno parece ter atingido um ápice, um longo caminho – e bastante promissor – se apresenta ao interessado no estudo da avaliação da imunidade celular, segundo o doutor Paulo Leser, também da disciplina de imunologia da Escola Paulista de Medicina.

Dessa forma, é importante para os médicos uma constante atualização, para que os novos conhecimentos e métodos diagnósticos possam ser utilizados e interpretados de forma correta e em benefício dos pacientes. Concomitantemente ao desenvolvimento teórico dos princípios imunológicos, explica o especialista, o laboratório começou prestando auxílio no diagnóstico de doenças causadas por parasitas e vírus.

Assim, a sorologia há vinte anos se apoiava num pequeno número de testes como os de fixação de complemento, tipificando a Reação de Wasserman e as reações de aglutinação, como a Reação de Widal.

A introdução da sensibilização de antígenos a hemácias taninizadas (hemaglutinação passiva) possibilitou a introdução de novos métodos diagnósticos. Entretanto, a caracterização das classes de imunoglobulinas, a definição precisa de resposta primária em que predominam anticorpos da classe IgM e a resposta secundária com anticorpos predominantes da classe IgG possibilitaram ao laboratório determinar com certa segurança a existência de uma infecção aguda, de vital importância para o diagnóstico da toxoplasmose e da rubéola nas mulheres em período inicial de gestação. Esse refinamento foi permitido com a introdução de técnicas de imunofluorescência que por sua sensibilidade e especificidade permitem quantificar e especificar as imunoglobulinas. As doenças autoimunes puderam também ser mais bem diagnosticadas com essas técnicas.

Com o avanço da tecnologia, além de novos equipamentos, prossegue o especialista, a introdução do radioimunoensaio abre novas perspectivas não só para o diagnóstico de doenças em que se quer demonstrar e quantificar o antígeno ou o anticorpo, mas também para o diagnóstico de doenças metabólicas ou endócrinas. E principalmente para aquelas cujo diagnóstico precoce é importante para uma adequada orientação terapêutica.

A importância da imunologia, bem como das contribuições que pode dar à prática médica, são consideradas tão importantes que os especialistas da matéria resolveram atualizar os clínicos gerais nesse campo. Por esse motivo, a Sociedade Brasileira de Alergia e Imunopatologia e a disciplina de imunologia da EPM organizaram um curso de atualização de imunopatologia.

Desde os problemas de envelhecimento e suas relações com a imunidade até a imunologia dos tumores e a respectiva imunoterapia serão temas do curso. Os outros temas são os seguintes: resposta humoral e celular; imunoglobinas e imunoglobinopatias; doenças medidas por anticorpo reagínico e por imunocomplexos; síndromes de deficiências imunológicas; doenças autoimunes; doenças imunológicas do rim; imunologia das hepatopatias, endocrinopatias e dos transplantes; diagnóstico de rejeição do transplante renal e imunossupressão; anatomia patológica da rejeição; propedêutica laboratorial em imunopatologia.

Folha de S.Paulo, *11.5.1975*

Um novo programa no combate à hanseníase

Uma das mais importantes contribuições modernas para o combate à hanseníase está sendo iniciada no Brasil. O novo programa para o controle da afecção, elaborado pelo Ministério da Saúde, introduz um conceito completamente novo na medicina contemporânea.

Denominado Fase III por uma das maiores autoridades internacionais nesse campo, o professor A. Rotberg, de São Paulo, será dada prioridade aos problemas psicossociais, com a admissão franca de que "lepra" não é nem será jamais "doença como as outras", mas, pelo contrário, um fenômeno psicossocial-somático excepcional, a ser tratado de modo excepcional.

A Fase I do combate à endemia, do isolamento compulsório, é considerada pelos especialistas como um dos maiores erros verificados na história da medicina. Atualmente condenado, o isolamento compulsório dos doentes de hanseníase baseou-se em uma interpretação inadequada. Segundo o professor Rotberg, essa atitude foi baseada na Lei do Isolamento, de 1885, à qual se atribuiu o declínio da endemia na Noruega. Na verdade, o número de casos já vinha diminuindo naquele país, vinte anos antes dessa lei. A intenção do autor da lei (Hansen) foi apenas a de reforçar o trabalho educativo dos Comitês de Saúde da Noruega e isolar doentes mais avançados que não podiam ou não queriam cooperar com as autoridades sanitárias. No Brasil, apesar da construção de 35 "leprosários" e do correto trabalho efetuado pelas equipes médicas, a endemia expandiu-se tão seriamente como em países onde os doentes nunca foram submetidos ao isolamento.

Essa fase de regulamentos rigorosos em muitos países deu ensejo a uma das maiores "temporadas de caça humana" da história, como refere o professor Rotberg. Felizmente, em nosso meio, os "leprosários" estão sendo transformados em hospitais integrados de dermatologia ou de patologia tropical.

Em 1950, com o advento de importantes drogas para o tratamento da doença, iniciou-se a Fase II. O tratamento com os novos medicamentos possibilitava o atendimento em ambulatórios de serviços integrados. Aliviados do temor do isolamento, pacientes novos acorreriam em massa, pensaram os sanitaristas. E também os doentes seriam socialmente reabilitados e o público, esclarecido. Seria o fim da rejeição social desses pacientes.

Infelizmente, informa o professor Rotberg, tudo continua na mesma situação. Em alguns lugares do mundo, a segregação continua, por causa de leis antigas ou de pressões comunitárias. Os "leprosários" não mudaram muito na maioria dos países, e o espírito segregacionista está tão vivo como nunca. Os doentes continuam rejeitados por hospitais gerais, por centros de saúde, pela sociedade. A educação sanitária não funciona. A ignorância, o terror e as superstições imperam. Os conviventes se escondem.

Doentes apavorados e ostracizados não comparecem e começam logo a faltar ao tratamento, se por acaso o fazem. "Só uma pequena fração da pequena fração que ousa aparecer em público recebe tratamento adequado", afirma o professor Rotberg. Dessa forma, não se faz a prevenção. Essa fase foi menos trágica que a anterior. Entretanto, nem o estigma social que a doença provoca, nem a incidência da afecção deram o mais leve sinal de declínio.

A Fase III começa no Brasil por conceito completamente novo e com certeza servirá de modelo para outros países. Considera a hanseníase não apenas uma doença física, a ser cuidada apenas por medidas médicas e preventivas, mas um "núcleo somático" envolvido por pesadíssima corrente "psicossocial" de lendas, fantasias, superstições e ignorância.

Com isso, acaba por determinar problemas psicológicos graves e rejeição social absoluta – corrente que se torna dia a dia mais pesada por causa da desinformação em massa. Esclarece ainda o professor Rotberg que o sofrimento humano está muitíssimo mais agarrado a essa "corrente psicossocial" que ao "núcleo somático". Portanto, a desestigmatização corresponderá ao fim dos problemas da grande maioria ainda não afetada pela incapacidade total e piores deformações.

O fundamental dessa fase é libertar o "núcleo", a doença propriamente dita, da "corrente" que a amarra – o estigma. O objetivo das técnicas educativas clássicas da Fase II era informar o público sobre os progressos científicos relativos à doença, de maneira a conferir *status* médico ao termo "lepra" e privá--lo de todas as suas conotações estigmatizantes e emocionais.

A alternativa adotada, segundo Rotberg, foi a de deixar a "corrente" tal como está e liberar a doença física sob outro nome. "Lepra", o fenômeno cultural, não seria tocado, mas não atingiria a doença hanseníase. Descartar nomes desmoralizados é técnica normal, constantemente aplicada em todos os ramos da atividade humana. Em medicina, um dos exemplos mais recentes é o da Liga de Nova York para os Deficientes de Audição: adotou novo termo para substituir "surdo", já que este adquiriu conotações desagradáveis nos Estados Unidos.

Libertar a hanseníase, um estado físico, de milênios de leprostigma (neologismo criado pelo professor Rotberg para nomear o estigma que a "lepra" produz) e difamação – um fenômeno cultural – permitirá um extraordinário avanço no combate à afecção. Nessa Fase III, está-se dando ênfase à prevenção da incapacidade física por técnicas simples em todos os centros de saúde. O BCG será aplicado extensivamente, em conjunção com os serviços fisiológicos, com reforço intensivo nos focos hansênicos. Serão reduzidos os riscos da gravidez, puerpério e talidomidoterapia por amplas instruções e recursos anticoncepcionais.

Estão sendo organizados corpos de dermatologistas e clínicos gerais para cuidar de pacientes e conviventes que prefiram não se tratar em locais públicos. Drogas anti-hansênicas serão fornecidas gratuitamente a esses médicos colaboradores. Tratamento adequado aos doentes, integração com serviços gerais de saúde pública, reabilitação física, treinamento de pessoal e outras medidas e princípios da Fase II não só se conservarão, mas também se adaptarão ao aumento de trabalho que se espera ocorrer simultaneamente com o enfraquecimento do estigma. A hanseníase é uma doença produzida pelo bacilo de Hansen. Quando penetra no corpo humano (pela pele ou pelas mucosas), na maioria das vezes as forças de defesa do organismo ganham a batalha contra o bacilo, o que evita o aparecimento da doença. Isso explica o fato de 90% das pessoas que vivem com os hansenianos nunca mostrarem sinais de hanseníase. A doença é contagiosa e não hereditária. Entretanto, a maior parte dos doentes não elimina os bacilos. Só os que os lançam para fora, principalmente pela mucosa do nariz, é que podem contaminar outros. E esses, em condições de poder contaminar os outros, são realmente muito poucos. Na verdade, a transmissão dessa doença não é tão fácil como se pensa.

Folha de S.Paulo, 13.3.1977

O exemplo do Brasil na luta contra a hanseníase

A campanha encetada há vários anos pelo professor Abrahão Rotberg, de São Paulo, visando a acabar com o estigma existente em relação à hanseníase, está sendo considerada no exterior como um exemplo a ser seguido.

Em um congresso recentemente realizado em Roma, sob o patrocínio da Organização Mundial de Saúde e com a colaboração do Ministério das Relações Exteriores da Itália, os médicos participantes do conclave referiram que atualmente a doença já tem cura. Entretanto, a reintegração na sociedade das pessoas que obtiveram alta é sempre um problema muito grave. Segundo Francesco Bonfiglio, da agência de notícias Ansa, sob esse ponto de vista o Brasil está na vanguarda, tendo sido o primeiro país no mundo que aboliu o termo "lepra", substituindo-o por hanseníase ou seu sinônimo, mal de Hansen (nome do cientista que, em 1873, isolou o bacilo causador da doença).

Nesse congresso, os problemas psicológicos e os de reintrodução do doente à vida social foram particularmente debatidos. O professor Carlo Travaglino, que dirige os hospitais especializados de Mai Abir e de Masaua, na Eritreia, ao norte da Etiópia, afirmou que os distúrbios psicológicos que atingem numerosos doentes não são consequência da moléstia, mas do isolamento social e da frustração do doente em seu estado de marginalização total.

Durante o congresso, foi ainda destacada a presença dos médicos brasileiros em pesquisas no campo da hansenologia. O professor Terencio de las Aguas, do hospital especializado de Fontilles, na Espanha, afirmou que no Brasil atingiu-se tal nível de preparação técnica que a classificação dos diversos tipos da doença, adotada em todo o mundo, foi elaborada por cientistas brasileiros.

Folha de S.Paulo, 12.2.1978

Uma doença que não existe mais

Nas últimas décadas tem-se observado com certa frequência uma queda na incidência de algumas doenças na população, graças aos cuidados profiláticos tomados pelas autoridades sanitárias. Entretanto, uma doença deixar de existir, ser erradicada completamente, aparentemente é impossível. Pois foi o que aconteceu com a varíola.

No dia 26 de outubro último, uma comissão de especialistas de dezesseis países reunidos em Nairóbi (Quênia), pela Organização Mundial da Saúde, declarou oficialmente que o último reduto da varíola – a África – estava completamente livre dessa doença. Aquela data assinalou o segundo ano de incidência zero naquele continente e o quarto ano consecutivo de sua ausência na Ásia. No Brasil, a varíola deixou de existir desde abril de 1971, quando foi descoberto o último caso. A partir daquela data, foi comprovado que todos os casos suspeitos eram de varicela ou de outras afecções cutâneas, mas não de varíola.

Provavelmente foi a varíola que deu origem à frase "quando não mata, aleija", pois, de cada dez pessoas afetadas, três tinham poucas chances de sobrevida. Essa enfermidade, altamente contagiosa e que foi um verdadeiro flagelo para a humanidade durante séculos, caracterizava-se por uma erupção cutânea progressiva que deixava com frequência cicatrizes permanentes. As marcas deixadas pela sua passagem no rosto dos adolescentes gerava por toda a vida um verdadeiro drama.

Até a descoberta da primeira vacina antivariólica nada podia ser feito para a prevenção dessa doença. Quanto ao tratamento, nunca existiu, e a terapêutica era apenas sintomática, visando a aliviar o sofrimento dos pacientes ou protegê-los de infecções secundárias, em particular nas fases vesicular ou pustular. Por isso, segundo Jonathan Kelly, da Organização Mundial da Saúde, a Assembleia Mundial da Saúde reunida em 1967 decidiu que havia chegado o momento de organizar os recursos humanos e materiais necessários a uma campanha de âmbito mundial contra a doença que foi uma das maiores ameaças para todos os povos do globo.

Em 1967, há apenas doze anos, a varíola era ainda endêmica em trinta países e "importada" por viajantes a uma dúzia de outros. Nos anos seguintes, foram quebrados os elos da cadeia de transmissão da doença.

No começo da campanha de erradicação da varíola, informa Kelly, a maioria dos serviços de saúde nacionais guiava-se pela teoria de que a fórmula para vencer a doença era simplesmente a vacinação de toda a população. Entretanto, com o tempo, verificaram que, apesar de a vacinação desempenhar um importante papel, a estratégia de combate ao mal deveria incluir também a pesquisa permanente dos surtos de varíola seguida por rápidas e eficientes medidas para os isolar e dominar.

A varíola é uma doença invulgar, explica Kelly. Só o ser humano pode abrigar e transmitir o seu vírus mortal. Se ele não o transmitir, a perigosa cadeia de transmissão é rompida e o surto chega a seu fim. Entre algumas populações remotas ou nômades, a cadeia de transmissão poderá, às vezes, ser interrompida espontaneamente, quando doentes deixam de transmitir a infecção a outras pessoas. Entretanto, em áreas mais povoadas, tem de ser criada uma barreira de pessoas vacinadas, para que a expansão da varíola possa ser sustada. Isso é feito por equipes de vigilância e controle, constituídas por funcionários da saúde pública.

Boa vacina e um modo simples e eficiente de aplicá-la são essenciais para o êxito de qualquer campanha de erradicação da varíola. No entanto, ao ser iniciado o programa da Organização Mundial da Saúde (OMS), quase nenhuma das vacinas em uso era satisfatoriamente ativa e estável. Em muitas áreas eram aplicadas vacinas líquidas – um tipo que não resiste mais de um dia às temperaturas tropicais. A OMS forneceu equipamentos e médicos consultores, a fim de ajudar os países a produzir um tipo de vacina que pudesse ser conservada a elevadas temperaturas durante um mês ou mais, com toda a sua eficiência inicial.

As técnicas de vacinação eram, em 1967, quase tão problemáticas como as próprias vacinas. Na Ásia, utilizava-se um aparelho primitivo – a lanceta rotatória – que causava infecções e graves reações. Em outras áreas, a vacina era escarificada na pele, mas, frequentemente, essas tentativas de vacinação se tornavam ineficazes. A OMS introduziu, pela primeira vez, a pistola injetora e, mais tarde, a econômica agulha bifurcada ou aforquilhada. Essa agulha demonstrou ser um progresso tão revolucionário como havia sido o alfinete de segurança em sua época. Ao usar essa agulha, conseguia o vacinador dar, cada dia, uma proteção muito mais segura a um número maior de pessoas do que em qualquer época anterior, e com o emprego de quantidade menor de vacina do que a exigida pelas técnicas mais antigas.

Ao pôr em ação o seu programa, a OMS dividiu as áreas endêmicas da varíola em quatro regiões estratégicas: América do Sul, Indonésia, África e Ásia. A América do Sul ficou livre da varíola quando a doença foi erradicada no Brasil, em 1971. A Indonésia concluiu sua campanha de erradicação em 1972. Já então a varíola havia sido eliminada em quase toda a África e Ásia.

Até 1967, quando professor Walter Leser assumiu a direção da Secretaria de Saúde, o Estado de São Paulo figurava em posição constrangedora na relação dos maiores focos de varíola na América e mesmo em todo o mundo. Entretanto, grande número de doses de vacina contra a doença havia vários anos já vinha sendo aplicado na nossa população, sem resultados satisfatórios.

A explicação, pelos especialistas, foi a de que a vacina, em forma líquida, muitas vezes já havia perdido a sua potência no momento de seu emprego, pelas deficiências no transporte e na conservação. A própria aplicação da vacina nem sempre era correta por falta de adestramento do pessoal. E, finalmente, parcelas substanciais da população não eram alcançadas pela vacinação, que se concentrava em grupos mais facilmente atingíveis, com largo contingente de revacinações, por vezes desnecessárias.

Em coordenação com o programa nacional de erradicação da varíola do Ministério da Saúde, por sua vez integrado no plano mundial da OMS, o professor Leser e sua equipe desenvolveram no Estado de São Paulo a Campanha de Erradicação da Varíola. A fase preparatória abrangeu o período de novembro de 1967 a julho de 1968, tendo sido iniciada a fase de ataque em agosto de 1968. Até agosto de 1970, 90,7% da população estimada na época no Estado foi imunizada contra a doença. Foi utilizada exclusivamente a vacina liofilizada, pelas inúmeras vantagens que oferecia em termos de eficácia e facilidade de manipulação.

Ainda durante aquele período, a Secretaria de Saúde do Estado desenvolveu um intenso programa de treinamento de pessoal das unidades sanitárias, tendo em vista a fase de consolidação da campanha, em cada município, logo após a fase de ataque. Aquela fase foi consolidada, para todo o Estado, por um plano de trabalho especial que programou a integração, nas regionais e distritos sanitários, do pessoal com experiência adquirida no decurso da primeira fase da campanha de erradicação da varíola.

Dessa forma, enquanto em 1967 foram vacinadas 5.503.084 pessoas, com 2.142 casos de varíola notificados, o ano de 1970 marcou a fase de consolidação da erradicação da doença, com 17.352.481 habitantes vacinados e 115 casos registrados. Pouco tempo depois, as enfermarias que abrigavam esses doentes no Hospital de Isolamento Emílio Ribas foram fechadas por falta de pacientes.

A lição mais importante dada pela campanha foi destacada pelo doutor Hector R. Acuña, diretor da Repartição Sanitária Pan-Americana, órgão regional para as Américas da OMS: "A erradicação da varíola só dependia da ação unânime do homem". A varíola chegou ao nosso hemisfério há mais de quatrocentos anos e o mundo já sabia como preveni-la havia mais de 180 anos. A lição que fica é que as doenças não se confinam a um só país, mas ultrapassam os limites geográficos e políticos das nações. Daí a necessidade de um esforço coordenado na luta contra as doenças e de aplicar a mesma determinação e cooperação para eliminar outras pragas da humanidade.

Folha de S.Paulo, 11.11.1979

Amamentação, um problema social

O mais antigo e salutar hábito alimentar é o leite materno. Durante vários anos esteve fora de moda e agora está voltando com força total. É um ótimo alimento e também um produto biológico que aumenta a resistência do recém-nascido contra as infecções.

O retorno à amamentação deve-se principalmente às autoridades sanitárias que reiteradamente vêm manifestando sua preocupação pelas mudanças introduzidas nos hábitos alimentares dos lactentes. Em particular pelo reconhecimento da sua importância para o crescimento e desenvolvimento sadio das crianças.

Uma pesquisa realizada em Bangladesh pelo presidente da Associação de Pesquisa de Saúde Comunitária, doutor M. A. Muttalib, mostrou que oito de cada dez crianças sofriam de desnutrição provocada pelo mau emprego do leite em pó. Naquele país, até quarenta ou cinquenta anos atrás, a alimentação por mamadeiras era simplesmente desconhecida, até que o método do aleitamento artificial foi introduzido por equipes de saúde que desejavam demonstrar que tinham algo de novo, moderno e científico para mostrar às mães da região.

A propaganda e a promoção do leite em pó e de mamadeira reforçaram a atitude favorável a essa forma de alimentação como meio "moderno", relata Andy Chetley na revista *A Saúde do Mundo*, órgão oficial da Organização Mundial da Saúde.

Agora, o doutor Muttalib e seu grupo estão remando contra a correnteza dos fatos consumados. Estão tentando, com todas as forças de que dispõem, voltar à antiga orientação – a de fazer com que as mães amamentem seus filhos – com a divulgação de uma mensagem de fácil e rápida assimilação: "Não há substituto para o leite materno".

Da mesma forma que em Bangladesh, também redescobriram o leite materno no Brasil. E da mesma forma que em vários outros países, esqueceram do mais importante, no caso, que é a mulher.

A professora Eva Alterman Blay, do Departamento de Ciências Sociais da Universidade de São Paulo, levantou recentemente o problema. Em artigo publicado na revista médica *Pediatria*, de São Paulo, destaca existir uma pressuposição de que a emancipação da mulher constitua um dos obstáculos à amamentação, o que, na realidade, não é o que ocorre.

Em seu artigo, ela relata que uma rápida revisão histórica da questão do aleitamento mostra que as decisões sobre o comportamento feminino são tomadas sempre de forma autoritária, sem consulta à mulher, e estão vinculadas a projetos políticos mais amplos. Bem antes de se falar da emancipação da mulher, explica, no século XIX, as senhoras brancas não amamentavam seus filhos, função exercida por escravas amas de leite e posteriormente por nutrizes remuneradas.

Segundo a professora Eva Blay, os técnicos governamentais ou médicos, alguns bem-intencionados, ignoram a realidade da mulher no Brasil. Pesquisas feitas com mães em São Paulo e no Recife (C. Spindel em *Aleitamento materno*, Unicef/Cebrap) mostraram resultados surpreendentes e desmentiram a suposta ignorância da mulher brasileira sobre a importância do aleitamento. Elas sabem que devem amamentar seus filhos nos primeiros seis meses. Na prática, porém, o desmame ocorre antes de um mês.

A professora Blay explica as razões dessa contradição pela influência do fator trabalho e pelo espaçamento do contato da parturiente com o bebê. Em São Paulo, prossegue, o desmame se dá principalmente entre as duas primeiras semanas após o parto, mais entre as mulheres que trabalham remuneradamente do que entre as que não trabalham, mais entre as pobres do que entre ricas. Entre as que não trabalham, são também as mais pobres as que desmamam antes, e, entre as que trabalham, predomina o desmame nas duas primeiras semanas.

Por esses fatos, a professora Blay ressalta que a questão a ser debatida é a de analisar as desigualdades das condições de vida que obrigam a mulher a deixar de amamentar seu filho. Uma campanha de incentivo ao aleitamento materno sem a concomitante criação de condições para que isso se efetive, conclui, vai apenas provocar um brutal sentimento de culpa em mães impotentes para solucionar um problema do qual são mais do que tudo vítimas.

Folha de S.Paulo, 11.9.1983

Pesquisas sobre a doença de Hansen

Não é fácil lutar contra um estigma. Ainda mais quando é uma doença marcada por um estigma bíblico que confunde a psoríase, uma doença de pele, com a lepra e dá à palavra um sentido pejorativo.

O professor Abrahão Rotberg, morto no dia 1º deste mês, aos 94 anos, além de sua contribuição científica para o avanço no conhecimento e tratamento da doença, conseguiu minimizar o preconceito.

Em 1977, propôs – e conseguiu – substituir o termo "lepra" por hanseníase, em homenagem ao norueguês Hansen, que identificou a bactéria da infecção. Nos papéis oficiais do governo brasileiro, foi abolido o uso da palavra pejorativa. Substituída por hanseníase, os doentes deixaram de ser marginalizados por uma doença que tem tratamento e está em vias de extinção.

Ao assumir a diretoria do Departamento de Profilaxia da Lepra, na gestão de Walter Leser na Secretaria de Saúde do Estado, em 1967, transformou-o em Dermatologia Sanitária. E acabou com o isolamento compulsório dos doentes de hanseníase no Estado.

A pesquisa de Rotberg na área da alergia e imunologia da hanseníase projetaram-no mundialmente. Considerada pelos especialistas "genial doutrina da margem-Hansen anérgica e do Fator N de resistência natural na hanseníase", sua teoria foi esboçada na tese de doutorado, em 1934, na Faculdade de Medicina de São Paulo, aos 21 anos de idade, ampliada em 1937 e reconhecida há mais de cinquenta anos.

Os trabalhos de Rotberg levaram à classificação científica da doença, ratificada em congressos mundiais. Abrahão Rotberg foi professor titular de dermatologia da Escola Paulista de Medicina/Unifesp (1958-73) e da Faculdade de Medicina de Taubaté (1970-73). Foi perito da Organização Mundial da Saúde e diretor do Instituto de Pesquisas do DPL (Departamento de Profilaxia da Lepra). Manteve-se lúcido e em atividade em seu consultório até os 90 anos, aposentando-se somente nos últimos quatro anos.

Folha de S.Paulo, 5.11.2006

Enfermidades do coração

Na vanguarda do jornalismo de saúde
Cláudia Collucci

Os gregos acreditavam que o coração era a sede da alma e do espírito. Para os egípcios, era o centro das emoções e do intelecto. Já os chineses apostavam que nele habitava a felicidade. Envolto em mitos, o órgão permaneceu praticamente intocado pelos cirurgiões até o fim do século XIX.

Foi com o avanço científico do século XX que o coração passou a ser desmistificado, ocupando um patamar não muito distante dos demais órgãos do corpo. Isso abriu as portas para o conhecimento atual das doenças cardíacas e de seus tratamentos.

Era urgente compreender melhor essa máquina de grandes responsabilidades, que, além de fazer o sangue circular por todo o organismo, tem de levar oxigênio e nutrientes para as células e sangue carregado de gás carbônico para os pulmões a fim de oxigená-lo.

Após a Revolução Industrial do século XIX, as mortes por doenças do coração, especialmente por ataques cardíacos, aumentaram muito. Esses eventos raramente eram observados nas sociedades pré-industriais, acostumadas a trabalhos manuais, a atividades físicas vigorosas e a uma alimentação mais natural.

É fácil entender a relação da era moderna e tecnológica com o aumento das doenças cardíacas. Basta lembrar que, com as máquinas, surgiu também uma combinação de fatores inimigos do coração, como sedentarismo, estresse e *fast-food*...

Entre as décadas de 1940 e 1950, ao mesmo tempo que grupos de cientistas tentavam entender o que levava ao desenvolvimento das doenças do coração e pesquisavam remédios para tratá-las, outros se aperfeiçoavam no "conserto" da máquina.

No Brasil, um marco importante para a cirurgia cardíaca foi a inauguração do Hospital das Clínicas de São Paulo, em 1944. Sob a orientação de Alípio Corrêa Neto, criou-se um grupo liderado por Euryclides de Jesus Zerbini, que passou a estabelecer intercâmbios com vários especialistas estrangeiros.

À época, eram praticadas apenas cirurgias cardíacas fechadas, por meio de pequenas incisões, e o cirurgião a trabalhar sobre o coração batendo. Mas o reparo dos problemas intracardíacos requeria um ambiente parado e sem sangue.

Isso só seria possível a partir de 1956, com a circulação extracorpórea. O sangue é desviado para uma máquina que faz o papel do pulmão, oxigenando o sangue, e do coração, bombeando-o. Em 1963, a equipe de Zerbini já fazia 82,5% das cirurgias extracorpóreas relatadas no país.

O primeiro transplante cardíaco em um ser humano foi realizado pelo sul-africano Christiaan Barnard, em 1967. No ano seguinte, em maio de 1968, Euryclides Zerbini faria o primeiro transplante no Brasil, o 17º em todo mundo, em um vaqueiro de 32 anos.

A repercussão foi imensa tanto nos meios científicos quanto na imprensa leiga, com vários jornais e revistas dedicando páginas e páginas ao feito. A *Folha*, por exemplo, abriu uma edição extra para relatar a cirurgia. Hoje, 45 anos depois, são realizados em média duzentos transplantes cardíacos por ano no Brasil.

Em 1970, outra cirurgia inédita, dessa vez no mundo, era praticada pela equipe dos cardiologistas Zerbini, Radi Macruz e Luís Decourt, do HC de São Paulo: a primeira ponte de safena para o infarto agudo do miocárdio, uma das maiores causas de morte no Brasil.

Aos olhos leigos, parecia incrível aquela possibilidade de retirar uma veia (safena) da perna do paciente e, a partir dela, construir uma ponte para substituir a artéria cardíaca obstruída, levando o sangue, assim, a oxigenar o coração.

Aqui surgia um aspecto crucial, que era o de como tornar acessível ao público leigo avanços tão importantes na área de saúde.

Os resultados da cirurgia inovadora para o infarto agudo – para o crônico já havia tratamento – foram divulgados durante um congresso de cardiologistas em Belém do Pará. Um prato cheio para o médico Julio Abramczyk, que já trabalhava como jornalista profissional da *Folha de S.Paulo* havia uma década.

A reportagem de Abramczyk foi o principal destaque da edição da *Folha* de 8 de julho de 1970, ofuscando outras notícias, como a da reabertura, em plena ditadura, de algumas Assembleias Legislativas e Câmaras Municipais e a inauguração do sistema de DDD (Discagem Direta à Distância) entre São Paulo e Porto Alegre.

Além da manchete do jornal, duas páginas internas destacavam todos os detalhes da realização da ponte de safena. Matérias de apoio explicavam a história da cirurgia cardíaca no país e no mundo e a importância da circulação extracorpórea para o desenvolvimento dela.

O texto de Abramczyk já antecipava tendências do que chamamos hoje de jornalismo de saúde: claro, preciso, informativo e ilustrativo. Não foi à toa que mereceu o Prêmio Esso de Jornalismo na categoria informação científica.

Outra reportagem histórica de Abramczyk relata uma nova técnica de cirurgia cardíaca infantil desenvolvida pelo cardiologista Adib Jatene, que passou a evitar a morte de bebês que morriam nos primeiros meses de vida.

O procedimento corrige a transposição dos grandes vasos. Trata-se de um defeito cardíaco congênito que afeta 40 em cada 100 mil crianças, no qual a posição dos dois maiores vasos, a aorta e a artéria pulmonar, que transportam o sangue do coração, é transposta, o que impede a comunicação entre a circulação pulmonar e a sistêmica.

A solução encontrada por Jatene foi apresentada em Detroit (EUA), em dezembro de 1975, e recebida com grande entusiasmo pelos cardiologistas internacionais. Abramczyk soube captar o clima com rigor, entrevistando vários especialistas, como o professor Aldo Castañeda, da Universidade Harvard. "A contribuição do doutor Jatene marcará época e eletrizou o mundo cirúrgico", previu então Castañeda.

Curiosidades como uma campanha da Sociedade Brasileira de Cardiologia, feita durante um congresso em Curitiba, em setembro de 1981, solicitando que os médicos não fumassem dentro do centro de convenções, também não passaram despercebidas aos olhos do médico-jornalista. "Não havia cinzeiros e os poucos fumantes sentiam-se constrangidos", descreveu.

Além das novidades cirúrgicas e medicamentosas, os eventos médicos também resultavam em orientações para a prevenção das doenças cardíacas. Enviado ao Congresso

Mundial de Cardiologia, que aconteceu em Washington em setembro de 1986, Abramczyk relata as recomendações do médico australiano Robert Goodwin, que permanecem muito atuais: "Evitar alimentos muito ricos em gordura, abandonar o hábito de fumar e praticar exercícios físicos".

A lista de contribuições do doutor Julio é infindável. Por meio de seus relatos, os avanços da cardiologia nacional e internacional saíram do hermético universo acadêmico para as grandes massas, tornando acessível o que, por natureza, é difícil e complexo.

Hoje, a comunicação em saúde tem sido encarada como a mais importante área da ciência neste século. Estima-se que nos EUA o baixo nível de cultura em saúde da população gere custos anuais na casa de R$ 200 bilhões. A busca tardia por ajuda médica, a dificuldade em adotar hábitos de vida saudáveis e os erros no uso de medicações são algumas das consequências.

E como nós, jornalistas, podemos contribuir para melhorar a comunicação em saúde? Mirando em exemplos como o doutor Julio. Um dia, fazendo uso de sua experiência como médico, ele deu uma ótima dica para quem pretende trilhar o jornalismo científico: "Tendo uma conduta adequada, chega--se ao diagnóstico". Obrigada pela lição, mestre!

Cláudia Collucci é repórter especial de saúde da Folha de S.Paulo e mestre em história da ciência pela PUC-SP. É autora de dois livros na área da reprodução humana, Quero ser mãe (Editora Palavra Mágica, 2000) e Por que a gravidez não vem? (Editora Atheneu, 2003), e coautora de O saber fazer e seus muitos saberes: experimentos, experiências e experimentações (Editora da PUC-SP, 2006).

Infarto do miocárdio tratado com intervenção inédita

Um novo método para o tratamento do infarto do miocárdio na fase aguda e que representa um grande avanço para a recuperação imediata dos pacientes afetados por esse grave transtorno foi levado por médicos paulistas perante o 26º Congresso Brasileiro de Cardiologia, que se desenvolve em Belém do Pará.

Trata-se de uma cirurgia na qual uma determinada quantidade de sangue é derivada da aorta (uma grande artéria que tem início no coração), por meio de uma veia implantada, para uma das artérias que irrigam o coração.

A veia (safena) é implantada logo após a zona obstruída de uma das artérias que irrigam o coração e cuja oclusão provocou o infarto do miocárdio. Essa intervenção foi efetuada pela primeira vez no infarto agudo do miocárdio, não existindo relatos semelhantes na literatura médica mundial.

O doutor Radi Macruz, do Hospital das Clínicas de São Paulo, apresentou os resultados observados em quatro pacientes nos quais uma veia foi empregada para restabelecer o trânsito normal de sangue em uma artéria do coração obstruída: uma pequena porção de veia safena que foi implantada na aorta e anastomosada à artéria coronária comprometida.

A evolução clínica dos pacientes foi a de uma cirurgia cardíaca habitual: pacientes sem queixas, sentindo-se bem, com vontade de no sétimo dia abandonar o leito, sem sinais de arritmias, fadiga e com psiquismo ótimo, bem ao contrário dos doentes que seguem a terapêutica clínica. No máximo vinte dias depois da cirurgia o paciente já está recuperado e apto a qualquer trabalho ou esforço físico, adaptando-se gradativamente à vida normal, sem possibilidade de novos infartos.

A cirurgia de revascularização do coração no infarto do miocárdio em fase aguda – mais importante do que a cirurgia do transplante cardíaco – permite ao paciente readquirir sua capacidade funcional com seu próprio coração e não evolui para formas de insuficiência cardíaca.

Segundo o trabalho elaborado pelo doutor Radi Macruz e colaboradores (professores E. J. Zerzini e Luís V. Décourt e doutores Fulvio Pileggi, João Tranchesi, João Paulo Manara, Paulo Mofa, Sergio de Oliveira, Delmont Bittencourt e Geraldo Verginelli), o tratamento cirúrgico do infarto do miocárdio vem sendo indicado raramente, em todo o mundo. Ele é indicado somente nos casos em que o estado de choque (choque cardiogênico) está presente, seja pela grande diminuição da função cardíaca (em virtude das zonas mortas e isquêmicas), seja pelas alterações do ritmo cardíaco (disritmias) rebeldes que diminuem a eficiência do coração e levam a uma insuficiência cardíaca. Mesmo assim, até o momento, a cirurgia proposta era a da resseção da área infartada e não da revascularização da zona atingida pela anóxia, devido à falta de irrigação sanguínea adequada.

O tratamento de revascularização, proposto pelos médicos do Hospital das Clínicas, permitiu a circunscrição da área realmente morta e a recuperação da área lesada ou isquêmica.

Com isso, a possibilidade de vida normal de acordo com a área recuperável, a volta à atividade física em um tempo muito menor e o término do pavor que o paciente adquire após o infarto.

Várias tentativas cirúrgicas, como a embolectomia (retirada do êmbolo de uma artéria do coração), a resseção da zona que sofreu o infarto e outras, não conseguiram entrar na rotina por serem ineficientes, na maior parte das vezes, por causarem grande índice de mortalidade e por não restituírem a capacidade funcional do órgão lesado.

A revascularização através da ponte de safena teve por vantagem fornecer ao músculo cardíaco lesado uma quantidade de sangue (oxigênio) maior do que aquela que recebia no período pré-obstrutivo. Afirmam os autores poder-se admitir que a recuperação da zona isquêmica se fará sem dúvida; da zona lesada, admitem uma recuperação mais tardia; da zona morta, a probabilidade de que ilhotas ainda não inteiramente degeneradas possam recuperar-se.

A afirmação categórica de recuperação total ou quase total, ressalta a equipe do Hospital das Clínicas de São Paulo, virá com a evolução tardia desses pacientes. Acrescenta, entretanto, que o simples fato de se observar o desaparecimento da corrente de lesão (alteração observada no exame eletrocardiográfico) e da isquemia (resultado da diminuição do fluxo sanguíneo na área afetada do coração), após a cirurgia, indica evolução superior àquela obtida com o tratamento clínico.

Após estudarem exaustivamente o problema, os médicos do Hospital das Clínicas consideraram perfeitamente factível a realização de uma cirurgia praticamente inócua nos casos de anóxia aguda do miocárdio (insuficiência de oxigênio) por obstrução de um dos ramos da artéria coronária. A cirurgia de revascularização, segundo a técnica proposta, consiste na derivação de sangue da aorta para a artéria coronária logo após a zona obstruída (ponte de safena). Nas insuficiências coronárias crônicas, a experiência desse grupo já ultrapassa o número de quarenta intervenções efetuadas.

O estudo das artérias coronárias (cinecoronariografia) foi realizado sem complicações em oito pacientes na fase aguda do infarto do miocárdio. Em todos os casos, o exame mostrou nitidamente a obstrução e permitiu o planejamento cirúrgico. Dos oito pacientes, quatro foram submetidos à cirurgia, ainda na fase aguda do infarto, dois homens (de 45 e 56 anos de idade) e duas mulheres (de 61 e 68 anos de idade).

Nos dois primeiros pacientes, do sexo masculino, foi realizada a revascularização miocárdica através de uma ponte de safena na artéria coronária descendente anterior (primeiro paciente) e na coronária direita (segundo paciente). Após a abertura do *bypass* (a ponte de safena), a coloração miocárdica alterada na zona de irrigação da artéria obstruída tornou-se normal. O ritmo cardíaco também voltou a apresentar-se normalmente. A evolução pós-operatória foi amplamente satisfatória, com recuperação clínica após sete dias, sem ter sido observada nenhuma complicação.

A coronariografia consiste em levar uma substância de contraste diretamente às artérias do coração, que assim são radiografadas, mostrando se elas apresentam ou não um obstáculo, no caso um êmbolo, em seu trajeto. Modernos aparelhos de radiografia permitem uma rápida sucessão de chapas, dando lugar ao advento da cinecoronariografia.

Tanto em nosso meio, como em outros centros médicos, a realização da cinecoronariografia não tinha sido indicada como método de rotina na fase aguda do infarto do miocárdio. Os fatos que motivaram essa atitude, segundo o relato, eram, entre outros, a possibilidade de ser aumentada a anóxia miocárdica pela injeção de contraste. Igualmente poderia ocorrer a possibilidade do desencadeamento de disritmias cardíacas provocadas pelo próprio cateter introduzido no coração.

Até há pouco, a indicação de tal estudo era limitada a algumas situações, entre elas dores torácicas em cujo diagnóstico diferencial entrasse a insuficiência das coronárias, alterações congênitas das coronárias, infarto cicatrizado do miocárdio e insuficiência cardíaca de causa não elucidada.

Entretanto, a inocuidade do estudo cinecoronariográfico nos processos obstrutivos da rede coronária e as informações que esse estudo fornece, permitindo um maior conhecimento de sua patologia, fizeram com que passasse a fazer parte da rotina dos mais avançados centros cardiológicos do mundo. No serviço do Hospital das Clínicas, mais de quinhentos exames já foram realizados, não tendo sido registrados casos fatais.

O emprego da cinecoronariografia no infarto agudo do miocárdio mostrou-se um exame preciso, dando a exata localização do processo obstrutivo. Salientam os autores que esse método é promissor não apenas em relação ao planejamento terapêutico, mas também com várias outras possibilidades.

Dentre elas, a possibilidade de fazer um tratamento clínico diretamente na artéria do coração obstruída, através do emprego de fibrinolíticos que agiriam sobre os êmbolos que impedem a circulação do sangue.

Na experiência dos médicos do HC, a cinecoronariografia mostrou ser um método simples, inócuo e de grande valia no planejamento cirúrgico dos pacientes. Em todos os oito pacientes com infarto agudo do miocárdio, a cirurgia de revascularização poderia ter sido feita.

O método proposto pelo doutor Radi Macruz, pelos professores Euryclides de Jesus Zerbini e Luiz V. Décourt e demais colaboradores permitirá também a consecução de um dos principais objetivos da medicina atual: a prevenção da doença, antes que o seu estabelecimento se torne irremovível. Nesse caso, a prevenção do infarto do miocárdio.

Aos primeiros sinais de presença de uma coronariopatia, entre eles a característica dor pré-cordial, seria efetuada uma cinecoronariografia. Comprovada a presença de um obstáculo à circulação do sangue em uma das artérias do coração, seria feita a cirurgia visando ao restabelecimento adequado do aporte sanguíneo às necessidades da musculatura cardíaca.

A VIDA CORRE PARA FORA DO CORPO

O coração-pulmão artificial – responsável pela circulação extracorpórea – substitui o funcionamento do coração e dos pulmões enquanto o coração é reparado.

O sangue venoso é aspirado por gravidade, saindo pelas veias cavas, superior e inferior, e daí é encaminhado ao oxigenador, de onde sai para ser propulsionado por uma bomba de roletes. Passa em seguida por um sistema de trocas de calor (para aquecer ou resfriar o sangue, segundo as necessidades) e finalmente é reintroduzido no sistema da aorta através da artéria femural.

Durante a perfusão extracorpórea, os pulmões permanecem inativos. Doses adequadas de tiopental, diluídas no sangue do oxigenador e introduzidas no início da perfusão, mantêm o paciente anestesiado. O sangue usado durante a perfusão é incoagulável, uma vez que o oxigenador do coração-pulmão artificial é cheio com sangue heparinizado. Após a cirurgia, a heparina é neutralizada com medicamentos adequados, a fim de serem evitadas hemorragias futuras.

As veias são condutos de paredes fibromusculares flácidas e depressíveis. Constituem-se em um sistema de tubos confluentes, originários de diferentes partes do organismo, que vão desembocar no coração (aurícula direita) por intermédio de dois troncos coletores gerais. Vindo dos capilares, o sangue continua seu curso através das veias.

As veias safenas, externa e interna, fazem parte do grupo das veias superficiais dos membros inferiores. Quando apresentam dilatações permanentes constituem as conhecidas varizes, cujo tratamento na maior parte das vezes consiste na sua retirada, por meio de cirurgia. Tanto nesse caso como no do seu aproveitamento como um conduto acessório para uma artéria do coração obstruída, sua ausência não acusará maiores transtornos. A rede venosa local é bastante rica e sua ausência não será sentida.

Como a veia aproveitada para a cirurgia de revascularização do miocárdio é do próprio paciente que sofreu a intervenção (sua retirada é feita durante o mesmo ato cirúrgico), esse tipo de implante não apresentará os fenômenos de rejeição observados nos casos de transplante de coração.

CIRURGIA CARDÍACA SOB VISÃO DIRETA

As doenças cardíacas podem ser atualmente, em sua grande maioria, passíveis de tratamento cirúrgico graças ao progresso da cirurgia cardiovascular que se desenvolveu a partir de 1956.

Foi Lillehei e sua equipe, em Minneapolis, nos Estados Unidos, que tornou possível a intervenção cirúrgica no coração graças à introdução do método da circulação extracorpórea. Anteriormente, operava-se o coração, mas sem a possibilidade da visão direta dos defeitos intracardíacos.

Após os trabalhos de Lillehei, vários grupos independentemente desenvolveram e aprimoraram a técnica da circulação extracorpórea, ampliando-se bastante as perspectivas das correções cirúrgicas dos defeitos cardíacos.

Na realidade, nenhum setor da cirurgia evoluiu tanto e de forma tão completa em tão pouco tempo como o da cirurgia cardíaca. Explica-se pelo numeroso contingente de pacientes afetados por doenças cardiovasculares, congênitas ou adquiridas, e pelo entusiasmo que desperta esse setor entre os pesquisadores.

As doenças cardíacas podem se assestar nas válvulas cardíacas, no miocárdio, nas artérias que nutrem o coração (artérias coronárias) e no sistema de condução de estímulos elétricos do coração. Até há cerca de cinco anos, as afecções das coronárias eram da alçada quase que exclusiva dos clínicos. Tentativas de revascularização do miocárdio feitas há tempos nunca foram aceitas amplamente pelos especialistas, entre elas a escarificação do miocárdio e colocação de substâncias irritantes na superfície cardíaca, visando à neoformação vascular, proposta por Beck e seus colaboradores, e o aproveitamento de ramos das artérias mamárias internas, sugerido por Fieschi e também realizado por Edídio Guertzenstein, na Guanabara.

Há três anos, a cirurgia das coronárias evoluiu para os implantes das artérias mamárias na intimidade do miocárdio, graças aos trabalhos experimentais de Sones, que mostrou por meio do exame contrastado das artérias coronárias (cinecoronariografia), que o miocárdio permanece permeável, forma vasos colaterais e auxilia na irrigação do coração.

Os resultados obtidos com a introdução da ponte de safena, relatados ontem por Macruz, Zerbini, Décourt e colaboradores, indicam que um novo campo com promissoras perspectivas surgiu em relação ao tratamento das coronariopatias.

PRIMEIROS DIAGNÓSTICOS EM SERES VIVOS

Desde o século XVIII as necropsias vinham revelando o infarto do miocárdio, porém não chegaram a diagnosticar a afecção no ser humano vivo e desconheciam especialmente os casos não fatais.

Até fins do século XIX passou inadvertida a relação existente entre o quadro clínico da afecção, abundante de sintomas, e o que mostrava o coração à necropsia.

O mérito pelo esclarecimento das relações entre a fenomenologia clínica e as lesões coronárias coube aos médicos norte-americanos.

O doutor Dock diagnosticou em um paciente vivo a afecção e em 1896 confirmou o diagnóstico ao fazer a necropsia desse paciente. Os russos Obratzow e Straschesko publicaram, em 1910, a descrição clínica de dois doentes corretamente diagnosticados em vida. Entretanto, foi o doutor Herrick quem, a partir de sua comunicação de 1912, despertou o conhecimento médico norte-americano sobre a frequência e o fácil diagnóstico do infarto do miocárdio. O senhor Smith, em animais (1918 e 1920), e o doutor Pardee, no homem (em 1920), demonstraram as alterações características que oferece o eletrocardiograma no infarto do miocárdio.

Para as mais recentes gerações de médicos é muito difícil compreender que o infarto do miocárdio, cujo estudo anatomopatológico já estava praticamente completo em fins do século XIX, não tenha sido individualizado até 1920 em seus aspectos clínicos correspondentes, pelo menos em relação aos sintomas mais particulares e característicos.

As artérias do coração procedem das artérias coronárias e se desprendem da aorta na origem desta. Em número de duas, uma direita e outra esquerda, caminham primeiro pelos sulcos da superfície externa do coração e em seguida penetram na musculatura cardíaca, por onde se distribuem em ramos menores. As coronárias, em sua porção inicial, têm um diâmetro de cerca de um centímetro.

O infarto do coração é clinicamente um grupo de sintomas, dominados pela dor e colapso circulatório causados por uma deficiente irrigação de sangue no miocárdio, a parte muscular do coração. A lesão parcial do músculo cardíaco por isquemia é devida à oclusão de uma artéria coronária.

O infarto do miocárdio costuma produzir-se por um trombo em um dos grandes ramos das artérias coronárias. O coágulo se forma gradualmente em uma lesão ateromatosa (alteração degenerativa da parede interna do vaso) ou ainda sobre uma placa calcificada. A oclusão de qualquer um dos ramos pode produzir-se lenta ou subitamente, sem causar infarto do miocárdio; esse fato, que não é raro, é observado quando existe circulação coronária colateral eficiente.

Folha de S.Paulo, 8.7.1970

Nova técnica em cirurgia cardíaca para crianças

A solução para uma grave doença cardíaca do recém-nascido e que até há pouco, com raras exceções, permitia uma sobrevivência de no máximo seis meses para as crianças foi finalmente encontrada. E por um médico brasileiro. Durante os trabalhos do 2º Simpósio Internacional de Cirurgia Cardíaca, recentemente realizado no Hospital Henry Ford, em Detroit, nos Estados Unidos, o doutor Adib D. Jatene, diretor do Instituto de Cardiologia do Estado de São Paulo, apresentou a técnica e os resultados da primeira correção cirúrgica total da transposição dos grandes vasos, com sucesso.

Segundo afirmou à revista médica norte-americana *Medical Tribune* o professor John W. Kirklin, da Universidade de Alabama, essa operação pode ser considerada "um grande triunfo técnico e o procedimento apresentado oferece uma fascinante solução cirúrgica", especialmente para os casos com uma comunicação intraventricular grande. A solução apresentada pelo doutor Jatene reveste-se de especial significado também porque era um dos poucos problemas que a cirurgia cardíaca ainda não tinha resolvido.

Superando problemas técnicos que frustraram cirurgiões cardíacos de todo o mundo por mais de vinte anos, o doutor Jatene foi capaz de transferir a posição de artérias coronárias (artérias que irrigam o coração) em transposição de grandes vasos corrigidos e conseguir uma circulação normal em uma criança de quarenta dias de idade com grande defeito septal ventricular (comunicação interventricular).

De acordo com trabalho publicado nos Arquivos Brasileiros de Cardiologia pelo doutor Adib D. Jatene e seus colaboradores (doutores V. F. Fontes, P. P. Paulista, L. C. B. de Souza, F. Neger, M. Galantier e José Eduardo M. R. Souza), a criança, dez dias após o nascimento, apresentava cianose (coloração azul da pele devida a anomalias cardíacas que são a causa da oxigenação insuficiente do sangue), desenvolvendo em seguida insuficiência cardíaca congestiva, isto é, o coração tornou-se incapaz de manter um fluxo sanguíneo adequado.

Nessa nova técnica para correção anatômica de transposição dos grandes vasos, as duas artérias coronárias, com um fragmento de parede da aorta, são transpostas para a artéria posterior. A aorta e a artéria pulmonar são secionadas transversalmente, contrapostas e anastomosadas. A comunicação interventricular é fechada com retalho de tecido de dacron, uma substância sintética que, implantada no corpo humano, não dá reações de rejeição.

A operação foi realizada com a criança pesando 3,7 kg, sendo utilizada hipotermia profunda e parada circulatória total. No período pós-operatório não foram observadas complicações. A reavaliação feita vinte dias após a operação demonstrou correção do defeito. Aos cinquenta dias de pós-operatório (com três meses de idade), a criança se apresentava em muito boas condições, sem cianose e pesando 5,5 kg.

A repercussão entre os cirurgiões cardíacos de todo o mundo foi das mais positivas. O professor Pierre Grondin, do Instituto de Cardiologia de Montreal, no Canadá, afirmou que "este evento é um marco na história da cirurgia cardíaca". O professor Aldo R. Castañeda, da Universidade Harvard, nos Estados Unidos, destacou que a contribuição do doutor Jatene "marcará época e eletrizou o mundo cirúrgico. Estou contente por um colega sul-americano ter praticado tal feito".

O professor W.T. Mustard, de Toronto, no Canadá, que idealizou técnicas clássicas em cirurgia cardíaca usadas atualmente no mundo inteiro, afirmou: "Eu sempre tive o pressentimento de que essa técnica iria ser realizada, e esse caso com uma criança de quarenta dias é um triunfo cirúrgico. Não acredito que possa haver qualquer crítica à sua técnica".

Para o doutor Albert Starr, descobridor da válvula cardíaca que leva o seu nome, "a ideia do doutor Jatene é fascinante". Para o doutor Denton A. Cooley, de Houston, Texas, nos Estados Unidos, "essa cirurgia virá a ser a operação de escolha para a transposição dos grandes vasos com comunicação interventricular". Também para o doutor Michael E. Debakey, de Houston, figura internacional no campo de cirurgia cardíaca, "esta é certamente uma técnica muito engenhosa".

Mas foi o professor Ake Senning, da Universidade de Zurique, na Suíça, que definiu com propriedade a importante contribuição do doutor Adib Jatene para a cirurgia moderna: "O doutor Jatene conseguiu fazer o que muitos de nós temos tentado experimentalmente e, às vezes, clinicamente, nos últimos vinte anos".

Folha de S.Paulo, 7.12.1975

Médicos param de fumar no Congresso de Cardiologia

O 37º Congresso da Sociedade Brasileira de Cardiologia, que reuniu nesta última semana em Curitiba mais de 2 mil médicos de todos os Estados, destacou-se neste ano por um fato inédito: praticamente nenhum de seus participantes fumou dentro do Centro de Convenções do Parque Barigui.

A poluição que seria produzida pela fumaça dos cigarros esteve ausente nos imensos auditórios lotados, que abrigavam mais de oitocentas pessoas. Não havia cinzeiros e os poucos fumantes sentiam-se constrangidos. É que junto com a pasta que os médicos receberam, contendo o programa científico, vinha também um pequeno cartaz com a solicitação: "Não envenene os não fumantes".

Essa situação, cristalizada este ano, não surgiu repentinamente. Ela é o resultado de uma campanha liderada há vários anos pelo professor Mario Rigatto, do Rio Grande do Sul, um dos médicos mais respeitados e acatados em todo o país.

No momento restrito a apenas uns poucos casos selecionados, está surgindo um método que poderá substituir nos próximos anos parte dos casos que seriam encaminhados para a cirurgia da revascularização do miocárdio, a conhecida ponte de safena, empregada para resolver pela cirurgia cardíaca as obstruções das artérias coronárias.

A angioplastia coronária consiste na introdução, através das artérias periféricas (femural principalmente e braquial), de um cateter especial que irá dilatar uma artéria coronária estenosada e promover a irrigação sanguínea adequada para o coração. Sua introdução na prática médica despertou grande interesse e entusiasmo, particularmente por se situar como uma forma de tratamento alternativo em determinados pacientes com afecções das artérias coronárias.

O método foi inicialmente empregado em 1964, para recanalização de artérias periféricas, com a finalidade de dilatar obstruções ateroscleróticas localizadas. Mas foi somente em 1976 que Gruntzig desenvolveu uma versão miniaturizada de um cateter dilatador para artérias coronárias, realizando em setembro do ano seguinte a primeira intervenção no homem, após exaustivas experiências.

Durante o congresso, foram relatados os primeiros trabalhos realizados com esse método no Brasil. W. A. Pimentel Filho e colaboradores, do Instituto Dante Pazzanese de Cardiologia, de São Paulo, analisaram as alternativas em relação à introdução do cateter, tanto pela artéria femural quanto pela artéria braquial, em 61 pacientes.

Theofanis Konstadinidis e colaboradores do Hospital Albert Einstein, de São Paulo, destacaram a importância de uma seleção rigorosa para os casos indicados. De seis pacientes cogitados, somente dois foram aceitos e submetidos, com sucesso, à intervenção: um paciente com estreitamento isolado e severo de apenas uma única artéria coronária (descendente anterior) e outro com lesão obstrutiva da artéria renal direita.

Ambos tiveram alta três dias depois do procedimento e estão evoluindo sem sintomas. A paciente com hipertensão renovascular passou a apresentar pressão arterial normal duas horas após o procedimento, evoluindo bem até o momento.

Constantino Costantini e colaboradores, de Curitiba, apresentaram relato sobre a intervenção efetuada em 26 pacientes, concluindo que, em paciente rigorosamente selecionado e com apoio de uma equipe cirúrgica experiente, o método se transforma em uma importante opção no tratamento da insuficiência coronária.

A. M. Freire e colaboradores, do Hospital da Beneficência Portuguesa, em São Paulo, relataram aspectos sobre o emprego dessa técnica na desobstrução e dilatação de ponte de safena, com bom resultado.

F. Pivato e colaboradores, do Instituto de Cardiologia do Rio Grande do Sul – Fundação Universitária de Cardiologia, de Porto Alegre, relataram as novas perspectivas no tratamento da hipertensão renovascular pela angioplastia. Apresentaram os resultados, com sucesso, de um caso no qual o método foi empregado para dilatar a artéria renal. Controles posteriores não evidenciaram reobstrução da artéria.

Folha de S.Paulo, *13.9.1981*

Uma nova e revolucionária cirurgia

Operar o coração e sair andando do hospital uma semana depois, retomando as atividades normais em três semanas, pode parecer ficção científica. Mas não é.

Recentemente, um grupo de cirurgiões cardíacos de São Paulo transformou em realidade um antigo sonho. A equipe do professor Ênio Buffolo, do Departamento de Cirurgia da Escola Paulista de Medicina (serviço do professor Costabile Gallucci), transformou a complexa cirurgia das coronárias em uma simples cirurgia torácica.

Introduzindo modificações na técnica da cirurgia da revascularização do miocárdio – a conhecida ponte de safena –, a operação passou a ser feita com o coração batendo normalmente, sem o emprego do coração-pulmão artificial. Até há pouco acreditava-se ser impossível fazer a cirurgia da ponte de safena – a ligação artificial aorta-coronária – com o coração batendo. Os seus movimentos aparentemente dificultam a sutura, isto é, a costura da safena nos locais indicados, transformando-a na ponte que levará o sangue a ultrapassar o obstáculo de uma artéria coronária lesada.

Há cerca de dez anos, algumas cirurgias das coronárias foram realizadas sem o emprego da circulação extracorpórea, porém apenas para a artéria coronária direita. Mas foi abandonada em razão da possibilidade, pela técnica então empregada, de ocorrerem infartos durante o próprio ato operatório.

O professor Ênio Buffolo verificou que, com algumas alterações na técnica cirúrgica empregada, associada à hipotensão (a pressão arterial média é baixada para de cinco a seis), a cirurgia pode ser efetivamente realizada sem o auxílio do coração-pulmão artificial. A pressão baixa diminui as necessidades de oxigênio pelo coração. Em seguida, é imobilizada apenas a artéria coronária sobre a qual irá ser suturada a ponte. O coração continua batendo, mas esse movimento não interfere na área que está sendo costurada. É o conhecido "ovo de Colombo", que depois que ficou de pé todos diziam ser fácil fazer o mesmo.

Como o infarto não ocorre – agora já está comprovado –, a cirurgia pode ser realizada sem circulação extracorpórea em relação apenas às artérias coronárias de fácil acesso. Em todas as cirurgias realizadas, exames bioquímicos seriados feitos no pós-operatório imediato mostraram que o coração não ficou comprometido pela transitória falta de irrigação sanguínea por meio da artéria coronária operada.

A variante da técnica sugerida pelo professor Ênio Buffolo exige, entretanto, um alto treino cirúrgico em implantes de pontes de safena da maneira tradicional. O professor Buffolo e seu grupo já submeteram cerca de 980 pacientes à cirurgia de revascularização do miocárdio. Com a média de três pontes por paciente, foram 2.940 pontes implantadas, um número razoável para criar a habilidade imprescindível para a realização de uma sutura rápida, eficiente e eficaz.

Com essa técnica, o professor Ênio Buffolo já realizou mais de trinta cirurgias, implantando pontes nas artérias coronárias direita, descendente anterior, descendente posterior e diagonal.

Essa operação, porém, não é indicada para todos os casos. Quando há necessidade de revascularizar artérias da face posterior do coração, de acesso difícil para o cirurgião, é necessário o auxílio da circulação extracorpórea.

Entretanto, pacientes que necessitam de quatro a cinco pontes passam a usar o coração-pulmão artificial apenas para as artérias da região posterior. Com isso, o tempo de parada cardíaca é muito menor, proporcionando grandes vantagens para a recuperação rápida do paciente.

A circulação extracorpórea, que é artificial, nunca é igual à circulação fisiológica, normal, do doente. E isso é particularmente importante para pessoas acima de 65 anos de idade, com possibilidades de má circulação cerebral. Evitar o coração-pulmão artificial é importante também em pacientes com problemas pulmonares, diminuindo a incidência de complicações pós-operatórias nessa área. Finalmente, diminuindo o índice de complicações pós-operatórias, baixa muito o índice de morbidade decorrente de uma operação de alto risco.

Na reunião da Sociedade de Cardiologia do Estado de São Paulo, realizada anteontem na Escola Paulista de Medicina, o professor Buffolo referiu-se ainda a outras vantagens da cirurgia da ponte de safena sem o emprego da circulação extracorpórea, destacando uma alta hospitalar pós-operatória muito mais precoce.

Em um grupo de 26 pacientes, não surgiu um único óbito ou complicação pós-operatória e o tempo médio de internação no hospital foi de cerca de uma semana. Por outro lado, não sendo utilizada a circulação extracorpórea, os gastos com a operação também diminuíram.

No momento, estão sendo reestudados os casos operados. Os exames indicam que a qualidade da anastomose é igual à da realizada com o coração parado, usando a circulação extracorpórea. A permeabilidade da ponte é ótima e exatamente igual àquela feita pelo método tradicional.

Folha de S.Paulo, 28.3.1982

A vida com o coração plástico

Os 112 dias de sobrevida alcançados por Barney B. Clark após receber o coração artificial, sob o ponto de vista médico, foram um êxito. Para quem está para morrer, 112 dias a mais de vida são uma vitória.

Quando o coração artificial foi implantado em Clark, em 2 de dezembro do ano passado, no Centro Médico da Universidade de Utah, em Salt Lake City, nos Estados Unidos, o paciente tinha apenas uns poucos dias de vida. Apresentava uma insuficiência cardíaca congestiva refratária a tratamento por medicamentos, em decorrência de uma cardiomiopatia, uma doença do coração para a qual não existe tratamento cirúrgico paliativo. Após o implante, sentiu-se bem melhor, porém sem condições de sair do hospital.

Barney faleceu com dignidade e respeito, referiram os médicos da Unidade de Terapia Intensiva que acompanharam os seus últimos momentos. Mas sua vida praticamente artificial sofreu inúmeros percalços. Entre outros, logo no início, doze dias após a operação, foi submetido a outra cirurgia, de emergência, para a substituição de uma válvula, em forma de disco, do ventrículo esquerdo do coração artificial. Antes dessa segunda operação, apresentou problemas de delírio, confusão mental e perda de memória, fase ultrapassada com sucesso e da qual se recuperou completamente. Mas foram, ao longo de todo o tempo de sua sobrevida, as infecções aparentemente sem explicação que aceleraram o seu óbito.

Apesar de ainda em razoáveis condições, na véspera de seu falecimento passou a apresentar novamente febre e ainda problemas renais. Seus médicos suspeitaram que uma infecção poderia ter provocado a elevação da temperatura e a relacionaram a seus problemas renais.

Clark já havia apresentado problemas renais, antes e depois do implante do coração de plástico. Só que naquele momento a situação já era mais grave, pois o quadro sugeria que estava se encaminhando para uma insuficiência renal. E provavelmente foi o que aconteceu.

No dia seguinte, 23 de março, o dentista Barney B. Clark falecia aos 62 anos de idade. A causa oficial do óbito: "Colapso circulatório devido à falência de vários órgãos". O coração de plástico, que continuava batendo normalmente, foi desligado.

O coração artificial implantado em Salt Lake City foi aperfeiçoado pelo doutor Robert Jarvik e implantado pela equipe do doutor William C. DeVries. Ele consta de duas câmaras de poliuretano, verdadeira bomba aspirante premente, equivalente aos ventrículos do coração normal e que são ativadas por ar comprimido. A força do ar comprimido, na parte externa do ventrículo artificial, distende um diafragma que está dentro do ventrículo, empurrando o sangue para fora da câmara, através de uma válvula.

Nesse momento, a pressão externa é reduzida no outro ventrículo artificial, vizinho e isolado. Esses ventrículos artificiais bombeiam alternadamente, enviando o sangue para os pulmões, onde é oxigenado e, depois do seu retorno, enviado para a aorta, que o distribuirá a todos os órgãos e pontos vitais do organismo.

O coração artificial de plástico do doutor Jarvik provou que pode ser aplicado em um ser humano e que funcionará pelo menos por 112 dias ininterruptos, em um total de 2.688 horas de funcionamento, com 12.912.400 batimentos "cardíacos". O coração de plástico não chega a custar 10 mil dólares. Mas as despesas hospitalares e os gastos com outros aparelhos que funcionam com o coração artificial elevam as despesas para perto de 200 mil dólares.

Alguns transplantes apresentaram sobrevida maior que a de Barney Clark com o implante do coração de plástico. Entretanto, alguns cardiologistas lembram que o coração artificial está hoje em um estágio igual ao dos primeiros transplantes de coração, há dezesseis anos. E o primeiro paciente submetido ao transplante cardíaco sobreviveu apenas dezenove dias.

Por isso, os implantes de coração artificial irão continuar. "Ele trabalhou muito bem", afirmou o doutor Jarvik. A Universidade de Utah já possui permissão da Food and Drug Administration, o organismo federal norte-americano que controla essas atividades, para mais sete implantes.

A equipe médica já está selecionando um segundo candidato. Uma vez aceito para receber o coração artificial, ele contará com o apoio de Una Loy Clark, a viúva de Barney, que recomenda a cirurgia, quando necessária. E, também, o do próprio paciente pioneiro do implante cardíaco artificial, Barney Clark, que antes de falecer afirmou: "Não hesitaria em recomendar esta operação para outras pessoas, se a alternativa for a morte".

Folha de S.Paulo, 10.4.1983

Ponte de safena melhora qualidade de vida

A reavaliação dos resultados das operações de revascularização do miocárdio – a conhecida ponte de safena – foi discutida ontem na sessão principal do 10º Congresso Mundial de Cardiologia, em Washington. A reunião foi presidida pelo argentino René Favaloro, que há cerca de duas décadas introduziu essa operação quando ainda era médico-residente em Stanford (EUA).

Durante os debates, foi destacado o fato de que a operação de ponte de safena melhora de forma marcante a qualidade de vida das pessoas portadoras de obstrução nas coronárias, além de proporcionar excelentes condições de sobrevivência nos primeiros sete anos após a cirurgia. Em 80% dos pacientes, as crises de angina (forte dor na região torácica) desaparecem de forma efetiva no primeiro ano pós-operatório.

Somente 20% dos pacientes do grupo cirúrgico normalmente necessitam de tratamento clínico após a operação (betabloqueadores e vasodilatadores das coronárias), se comparados com 75% de pacientes submetidos apenas a tratamento clínico. Por outro lado, uma resposta isquêmica (dificuldade de irrigação das coronárias) foi observada em cerca de 30% dos doentes operados, em comparação com aproximadamente 60% dos pacientes que fazem somente tratamento clínico. Essas diferenças foram consideradas estatisticamente significativas.

Na sessão presidida pelo professor Euriclydes de Jesus Zerbini, de São Paulo, foi relatada pelo professor Visser, da Holanda, a possibilidade de avaliação da atividade cardíaca pela resposta do coração ao esforço físico. Esse exame é feito através da ecocardiografia acoplada ao Doppler, que inter-relaciona efeitos de som e luz, promovendo diagnósticos mais completos sobre problemas cardíacos.

Por esse método é possível obter imagens ecocardiográficas mais adequadas após exercícios físicos. Nos casos indicados, poderia até dispensar cateterismo cardíaco (exame contrastado das artérias coronárias). O eco Doppler permite localizar as anormalidades em áreas do coração e verificar como o fluxo do sangue está sendo distribuído pelas coronárias para nutrir o órgão.

O artroscópio é um aparelho muito usado em jogadores de futebol para verificar, sem necessidade de cirurgia, o estado dos ligamentos dos joelhos. Pois agora passou a ser usado também na cardiologia.

O médico Jorge Leon Galindo, da Universidade de Bogotá, vem usando esse aparelho há cerca de quatro anos para estudar o pericárdio, uma membrana transparente parecida com celofane e que reveste o coração.

Por esse novo método, Leon Galindo obtéve maior facilidade no diagnóstico de doenças dessa membrana (pericardites), com riscos mínimos. Além da segurança que esse método proporciona, ele permite também retirar sangue dessa área quando ocorrem extravasamentos, como é o caso do tamponamento cardíaco, que torna muito difícil ao coração bater adequadamente.

As atividades do 10º Congresso Mundial de Cardiologia terminam hoje. O professor Radi Macruz, de São Paulo, vai relatar na sessão principal a sua experiência com a aplicação de raios laser na destruição de placas de gordura no interior das artérias do coração. Em outra sessão, serão apresentadas as novas drogas para o tratamento do aumento de gordura no sangue (hiperlipemia), bem como serão igualmente discutidos os novos conceitos sobre a sua origem e a sua causa.

Folha de S.Paulo, *19.9.1986*

Cardiologistas debatem ação preventiva

Especialistas presentes no 10º Congresso Mundial de Cardiologia, iniciado em Washington na última segunda-feira e encerrado ontem, divulgaram durante o evento avanços tecnológicos na área de diagnósticos cardiológicos – a um custo de milhões de dólares – e sugeriram medidas preventivas com aplicação viável nos países em desenvolvimento.

Dentre estas, os cardiologistas discutiram os meios de evitar a febre reumática (impedindo suas graves consequências, que são as operações nas válvulas cardíacas) e programas educativos sobre doenças causadas por dificuldades circulatórias nas artérias coronárias.

O médico australiano Robert Goodwin destacou a necessidade de mudança no estilo de vida dos pacientes que se submeteram a cirurgias de pontes de safena, a fim de evitar reoperações.

Essa modificação de hábitos consistiria em evitar alimentos muito ricos em gordura, abandonar o hábito de fumar e praticar exercícios físicos. Essas medidas também seriam válidas para as pessoas que não passaram pela operação, pois preveniriam igualmente as doenças cardiovasculares.

O médico Marcelo Moreano, do Equador, analisou a queda na incidência da febre reumática em dezessete países da América do Sul, Caribe, Europa e Ásia. Explicou que esses resultados foram obtidos por meio de medidas preventivas.

Elas incluíram o tratamento, por antibióticos, das infecções por estreptococos.

Na profilaxia secundária, após o tratamento imediato da febre reumática, o esquema consiste na aplicação da penicilina de longa ação por um período mínimo de dez anos (no caso de alergia, o medicamento pode ser substituído por sulfa ou eritromicina). Por outro lado, mostrou que o esquema preventivo mais seguro na aplicação dessa penicilina de longa ação, que previne recorrências em mais de 95% dos casos, é a sua introdução a cada três semanas e não mensalmente.

A reabertura da circulação do sangue nas artérias coronárias pode ser feita de várias formas. Há mais de vinte anos vem sendo usada a ponte de safena. Nos últimos nove anos foi incorporada a angioplastia coronária – introdução de um cateter na coronária, que esmaga a placa de gordura que impede a circulação do sangue dentro da artéria.

A aplicação do raio laser, recente, consiste em aplicar uma fibra óptica para vaporizar a placa ateromatosa (depósito de material gorduroso na parte interna das artérias) e recanalizar a coronária parcialmente obstruída.

Nos casos de obstrução total imediatamente diagnosticados, podem ser empregadas drogas como a estreptoquinase ou a iroquinase, em combinação com a angioplastia. Esses métodos atualmente estão sendo bem-aceitos, apesar do alto número de reobstruções que levam os pacientes a uma definitiva cirurgia de ponte de safena.

O professor Radi Macruz, de São Paulo, apresentou ontem a aplicação do raio laser como um método adequado para a desobstrução das artérias coronárias. Seus primeiros trabalhos datam de 1979, três anos antes de surgirem pesquisas similares na área internacional.

Recentemente, a aplicação do raio laser passou das simples especulações teóricas e do campo da ficção científica para a área dos fatos. Na experiência do professor Macruz, apesar dos cuidados especiais que devem ser tomados pelo perigo potencial de perfuração das artérias, o raio laser promove a destruição e eliminação da substância anormal presente na artéria, com total destruição do obstáculo.

O médico Chih Pan, do Hospital da Cirurgia do Tórax de Xangai, apresentou um relato sobre a cirurgia cardíaca realizada nos 140 centros médicos especializados da China. No ano passado, para uma população estimada em 1,4 milhão de pessoas, foram efetuadas 6 mil cirurgias cardíacas.

A partir de 1960, cerca de mil casos de comissurotomia mitral foram operados com anestesia por acupuntura. Os pacientes, durante a operação praticada com o emprego de circulação extracorpórea (coração-pulmão artificial), permaneceram conscientes durante a cirurgia.

Folha de S.Paulo, *20.9.1986*

Saúde pessoal

Receitas e reportagens
Almyr Gajardoni

Uma delicada questão atormenta quem se dedica ao jornalismo e é, ao mesmo tempo, titular de outra especialização profissional: quem escreve? No caso de Julio Abramczyk, essa dúvida não existe: é sempre o jornalista, naturalmente com a segurança de quem tem sólida cultura médica.

Seus artigos, muitas vezes verdadeiras reportagens, mesmo quando buscam aconselhar o leitor, estão sempre apoiados no resultado da pesquisa mais recente, na decisão de um congresso da categoria, na opinião de um especialista renomado.

E esse apoio ele recolhe, com a mesma naturalidade, no Brasil e no exterior. Hoje, com todas as facilidades de comunicação de que dispomos, esse pormenor é irrelevante; há meio século, acompanhar o que ocorria pelo mundo num determinado campo exigia empenho, dedicação e sobretudo conhecimento de causa, para selecionar corretamente quem ouvir e quem citar.

Essa ambivalência entre o médico e o jornalista fica evidente também na escolha dos assuntos a serem tratados, e aqui acredito que o médico tenha prevalecido, embora nem sempre.

O jornalista, com certeza, se interessaria pela descoberta mais recente ou mais sensacional; o médico, pelo que seria mais útil ao leitor (cliente?) naquele momento.

Ainda assim, é o faro do repórter que decide a oportunidade do artigo: nos anos 1960 e 1970, as mulheres que começavam a entrar para o mercado de trabalho carregavam dúvidas do tipo como conciliar a jornada de trabalho com a gravidez, a elegância indispensável no mundo profissional com a amamentação; as viagens aéreas se tornavam comuns, e também estavam cercadas de receios e preconceitos.

Essa é uma característica que a coluna manteve ao longo do tempo: a oportunidade das informações e dos conselhos oferecidos aos leitores mais comuns.

Almyr Gajardoni é editor da revista D.O. Leitura, *da Imprensa Oficial do Estado de São Paulo. Trabalhou na* Folha de S.Paulo, *no* Correio da Manhã, *na* Veja *e na* IstoÉ. *Fundou e dirigiu por oito anos a revista* Superinteressante *(Editora Abril). É autor de* Idiotas & demagogos – pequeno manual de instruções da democracia *(Ateliê Editorial, 2002).*

Os problemas da velhice

O prolongamento do tempo médio de vida, através das modernas conquistas da medicina, trouxe consigo novos problemas, que exigiram a criação de nova especialidade médica: a gerontologia. Os especialistas em pessoas idosas, em seus estudos, acabaram com vários mitos, como o de que a velhice é uma segunda infância, e descobriram também os maiores inimigos dos velhos: sensação de solidão e sentimento de inutilidade. O fato de as pessoas idosas falarem muito do passado é explicado por um distúrbio de memória comum na idade avançada, que consiste em lembrar-se dos fatos antigos e esquecer os recentes.

Normalmente os gerontologistas se reúnem em congressos internacionais a fim de apresentar as suas experiências nesse difícil campo da medicina. No 6º Congresso Internacional de Gerontologia, realizado em Copenhague, na Dinamarca, vários problemas foram abordados e resumidos em um número especial de *Documenta Geigy*.

Há duas teorias para explicar o envelhecimento: para uns, esse processo depende do meio ambiente; outros creem que para o envelhecimento contribuem sobretudo fatores endógenos, isto é, um desgaste intracelular, cujo progresso não se pode impedir. As enfermidades impedem, até o momento, de chegar-se à idade biológica normal de 100-120 anos. E, até que se descubram os fatores que aceleram o processo de envelhecimento (sobrecarga psíquica, alimentação inadequada, enfermidades degenerativas, falta de habilidade, fatores ambientais etc.), continuarão os homens a morrer prematuramente.

No congresso, o tema "Velhice e personalidade" foi abordado por vários autores. Entre eles, Van Der Horst, de Amsterdã, referiu que certas pessoas podem chegar a um sentimento de insegurança tal que acabam por tomar o caminho do suicídio, enquanto outras, de personalidade mais forte, se convertem em agressivas.

A perda do cônjuge constitui, na velhice, o trauma psíquico mais importante. Contudo, uma enfermidade pode também constituir trauma violento. Afirmou ainda Van Der Horst que, afora a demência (cujo quadro às vezes é confundido com uma alteração da personalidade), os transtornos psiquiátricos mais frequentes na velhice são as depressões.

Possíveis consequências do isolamento são as reações de pânico e de paranoia. Esses processos requerem medidas terapêuticas apropriadas, podendo ainda conseguir-se bons resultados remediando a situação de isolamento social e espiritual.

Quanto ao emprego dos medicamentos na idade avançada, resume *Documenta Geigy* os trabalhos apresentados no Congresso de Copenhague: os medicamentos são muito valiosos na velhice, mas devem ser administrados com cautela. É importante a explicação que se dá ao paciente sobre os efeitos do preparado. Isso porque na idade senil podem produzir-se facilmente efeitos placebo, e a atitude do médico e do pessoal auxiliar frente ao enfermo tem significado maior do que em geral se crê. É necessário pensar a todo momento na possibilidade de uma depressão. Atualmente se pode fazer o tratamento da depressão também na idade avançada, e já se comprovaram os bons resultados, tanto dos medicamentos como do eletrochoque, quando se diagnostica oportunamente o processo. O tratamento da insônia requer também tratamento especial.

Finalmente, Henschen, de Estocolmo, afirmou que a melhor maneira de se fazer a profilaxia das enfermidades da velhice é não se deixar o trabalho prematuramente, nem em próprio interesse, nem no da sociedade, já que a inatividade acelera o envelhecimento.

Folha de S.Paulo, 13.9.1964

Transplante de córnea

A maravilhosa possibilidade de substituir um olho irremediavelmente perdido por outro ainda está por ser conseguida. Entretanto, um grande avanço verificou-se nos últimos anos no campo da oftalmologia através da substituição de uma córnea opacificada devida a doenças ou acidente, evitando assim a perda total do órgão.

A córnea é um disco transparente situado na parte anterior da camada externa do globo ocular e recobre a íris, uma membrana circular que dá o colorido aos olhos e que através de seus movimentos contráteis regula o diâmetro da pupila. A córnea tem os seus contornos engastados na esclerótica, a membrana exterior do olho, que é branca, dura e fibrosa.

Durante a realização do 14º Congresso Brasileiro de Oftalmologia e do 8º Congresso Sul-Americano Meridional da mesma especialidade, recentemente desenvolvidos em São Paulo, o doutor Tadeu Cvintal, do Hospital do Servidor Público Estadual, foi o relator oficial sobre os recentes progressos na terapêutica cirúrgica da córnea. Ressaltou o especialista que a popularização do emprego do microscópio em cirurgia ocular foi o fator de maior progresso da técnica do transplante da córnea (a córnea para o transplante é conseguida através da doação de olhos, sendo aquela parte retirada dentro das primeiras 24 horas do falecimento do doador).

O emprego de novos instrumentos cirúrgicos, cada vez mais delicados – pinças com dentes de milimicra, por exemplo –, diminuiu consideravelmente o trauma nas margens do enxerto e ao mesmo tempo passou a permitir a execução de minúcias em fração de milímetros. Uma técnica cirúrgica perfeita é atualmente considerada como a condição mais importante para o sucesso dessa intervenção. A opacificação do enxerto corneano por reação imunológica deixou de ter a importância que possuía até há bem pouco, segundo o doutor Cvintal, que assegura que apenas 20% dos casos estariam relacionados com a rejeição imunológica.

A seleção adequada de pacientes com as mais diversas afecções também é fator importante. Existem os casos desfavoráveis, como a extensão da opacidade da córnea provocada por queimaduras ou explosões. Outros casos, como de ceratocone ou opacificação central, têm 80% a 90% de sucesso.

Entre outras novidades, citou o doutor Cvintal o emprego também de implantes plásticos e da odontoceratoprótese de Strampelli, que consiste de um recobrimento prévio da córnea por mucosa bucal do próprio paciente e, em uma segunda fase, depois de dois meses, da introdução de um implante odontoprotético entre a mucosa e a córnea. Esse implante, com a forma de disco medindo 8 a 10 milímetros de diâmetro e 2,5 milímetros de espessura, é tirado do primeiro dente incisivo superior do próprio paciente e dele fazem parte dentina, osso e periósteo. O emprego da odontoceratoprótese de Strampelli veio resolver certos problemas de córneas que não retêm o implante plástico simples, eliminado com rapidez.

Folha de S.Paulo, 19.11.1967

As vantagens do leite materno

Em uma longínqua ilha do oceano Pacífico, perto da Austrália, os vendedores de chupetas e mamadeiras estão muito preocupados. Seus habitantes só podem comprá-las com receita médica.

As autoridades de Papua-Nova Guiné, decidiram incentivar o aleitamento materno. E o fizeram de uma forma inédita: parece ser o primeiro país no mundo a tomar medidas legislativas – chupetas, mamadeiras e leite em pó só com receita – com a finalidade de limitar a alimentação artificial de bebês.

Observam os especialistas em saúde pública que as mães do Terceiro Mundo, que deveriam e poderiam amamentar satisfatoriamente seus bebês, recorrem com assiduidade a custosas fórmulas de alimentação infantil que não podem adquirir em quantidades adequadas, por falta de dinheiro, nem preparar corretamente, por falta de conhecimentos ou implementos adequados. O resultado final é a doença que se instala nessas crianças e, com muita frequência, a morte.

Vários fatores têm interferido no sentido de levar muitas mães à alimentação artificial de seus bebês. Um deles é o estado de desnutrição da mãe. Entretanto, estudos efetuados em Sri Lanka pelo professor T. W. Wickramanayake concluíram que a desnutrição materna não apresenta um efeito pronunciado na concentração dos principais componentes do leite humano, exceto nos casos de desnutrição grave. É claro que as mulheres mal alimentadas devem melhorar seu estado nutricional. E essa situação deve ser detectada no início da gravidez e tratada pela ingestão de calorias necessárias para a produção de leite, tanto durante a gravidez quanto durante a fase de amamentação.

Outro fator que contribui para a troca do aleitamento natural pela alimentação artificial do bebê é a influência comercial de empresas de alimentação infantil, segundo refere uma publicação da Associação de Saúde Pública dos Estados Unidos. Esses produtos são objeto de publicidade e promoção, inclusive em áreas muito pouco privilegiadas do mundo.

Entretanto, o preparo desses alimentos em mamadeiras apresenta certos riscos, ainda quando as condições econômicas, higiênicas e sociais sejam favoráveis. Estudos recentes assinalam os perigos inesperados e anteriormente não reconhecidos associados com essa forma de alimentação, como alergias, fatores infecciosos e síndrome de morte repentina da criança, que são menos comuns naquelas amamentadas por suas mães.

Inúmeras são as vantagens no emprego do leite materno. Ele é melhor porque possui todos os elementos nutritivos nas quantidades adequadas. Não está nem quente nem frio e está isento de bactérias. Não é necessário prepará-lo, dissolvê-lo ou esterilizá-lo. Possui anticorpos que protegem contra infecções, especialmente a diarreia. É mais econômico que seu substituto, apesar de a mãe lactante necessitar de alimentos adicionais. Finalmente, se conserva em condições higiênicas.

Folha de S.Paulo, 11.3.1972

Um problema pulmonar

Uma doença lenta e progressiva está, de modo paradoxal, ligada diretamente aos progressos que se observam em países industrializados. É o enfisema pulmonar, um estado de dilatação patológica ou hiperdistensão dos alvéolos pulmonares, que pode levar a uma intensa redução funcional dos pulmões. Suas causas, entre outras, são as doenças pulmonares crônicas e os agentes irritantes das vias respiratórias, como o fumo e os agentes de poluição do ar.

Segundo o doutor M. I. Rollemberg dos Santos, da Unidade de Assistência Respiratória do Hospital Central Sorocabana, a incidência do enfisema pulmonar vem aumentando gradativamente, em particular com a elevação da vida média da população, como nos Estados Unidos, que é em torno dos 70 anos. Para o especialista, o sucesso no tratamento dessa afecção, ou pelo menos as medidas que evitam a sua progressão, dependerão do diagnóstico e tratamento precoces.

Quando a falta de ar chega a assumir intensidade, a ponto de impedir até um simples esforço como caminhar ou medidas de higiene pessoal, o tratamento clínico apresentará grandes dificuldades. Por outro lado, os pulmões trabalham em íntimo contato com o coração. Dessa forma, as alterações pulmonares refletem-se sobre o coração. Nessa fase de evolução poderá surgir o *cor pulmonale* e a fase de descompensação cardíaca, cujo tratamento será bem difícil, uma vez que o problema pulmonar não poderá ser resolvido.

Nos Estados Unidos, explica o doutor Rollemberg dos Santos, as condições de pesquisa permitiram o estudo e o aperfeiçoamento de métodos não só de detecção precoce da moléstia, mas também de seu tratamento, minorando ou retardando a sua evolução. Um dos grandes passos, segundo o especialista, foram os aparelhos de respiração intermitente, dos mais variados tipos, cada um com as suas vantagens. Em relação ao diagnóstico precoce da moléstia, as recentes conquistas nesse campo têm permitido reverter completamente o problema nos casos detectados precocemente, pois é possível fazer o levantamento de toda a função pulmonar do paciente e descobrir-se exatamente onde se processou o desvio.

Folha de S.Paulo, *19.3.1972*

A cirurgia que devolve a visão ao cego: transplante de córnea

Um médico de São Paulo, internacionalmente reconhecido como uma das grandes autoridades no campo da oftalmologia, pressentiu que poderia falecer dentro de algumas horas. Já se encontrava doente havia certo tempo. Em poucos minutos escreveu em uma folha o ato de doação de seus olhos. E fez mais: conhecendo há cerca de vinte anos o problema de dois de seus pacientes, doou a cada um suas córneas, chegando mesmo a sugerir ao médico que poderia fazer o transplante qual a melhor técnica para cada caso.

Quatro anos após a sua morte, o professor A. Bussaca continua vivo através dos olhos de um eletricista do Brás e de um feirante de São Caetano.

Assim como na rotina diária das transfusões sanguíneas ninguém percebe que está participando de um transplante – o transplante de sangue de uma pessoa para outra –, da mesma forma já entrou na rotina médica um transplante que restitui a visão. É o transplante da córnea, uma fina película que pode permitir, ou não, a passagem de luz para o interior dos olhos. Essa película situada na parte anterior dos olhos, extremamente delicada, pode também ser transferida para outra pessoa, da mesma forma que o sangue. E até com maior simplicidade, pois não existem as incompatibilidades observadas nos tipos sanguíneos.

O transplante de córnea é uma cirurgia que faz parte da rotina oftalmológica há mais de trinta anos. As primeiras experiências bem-sucedidas de transplante de córnea humana foram feitas em 1915, na Alemanha. Foi o primeiro caso em que essa operação proporcionou ao paciente a recuperação da visão através da substituição da sua córnea afetada por outra, de um doador.

Nos anos seguintes, em vários países da Europa, as técnicas e os instrumentos de cirurgia foram se aperfeiçoando, o que proporcionou o sucesso cada vez maior dessa intervenção. Em 1930, após os trabalhos de Castroviejo, nos Estados Unidos, e de Filatoff, na Rússia, o transplante de córnea entrou definitivamente na rotina da cirurgia oftalmológica.

No transplante de córnea de um ser humano para outro, o fenômeno da rejeição praticamente não existe, por causa da simplicidade e da grande semelhança que existe entre as córneas humanas. E, também, porque a córnea é um órgão isolado do resto do organismo pela ausência de vasos sanguíneos, que é onde está localizada a rede de formação do mecanismo de rejeição (anticorpos que produzem a expulsão do enxerto, como é o caso do transplante de coração).

As primeiras tentativas, entretanto, feitas em 1818 com coelhos, falharam. No fim do século XIX, as tentativas de transplantar córneas de animais para o homem também malograram. A córnea dos animais é muito diferente da do homem. Por isso o estímulo à rejeição é violento. Dessa forma, esse tipo de transplante, denominado heterólogo, não é possível com uma frequência de sucesso aceitável.

Uma vez controlados os fenômenos da rejeição, será possível algum dia a utilização da córnea de animais nos seres humanos. Entretanto, essa possibilidade ainda é remota e a solução, no momento, é a utilização da córnea humana.

Em comparação com outras operações feitas nos olhos, o transplante de córnea é relativamente simples. Um pequeno bisturi circular (o trépano) remove sob a forma de disco a córnea opacificada do paciente. Essa área é então substituída por outro disco de mesma área da córnea do doador. O tempo total da operação é de cerca de sessenta minutos.

A córnea do doador é suturada nos olhos do receptor com agulhas e fio especial de náilon de espessura tão fina que é difícil de ser visto a olho nu, pois é muito mais fino que um fio de cabelo. Por ser necessária a máxima precisão, é usado um microscópio cirúrgico binocular que fornece um aumento de oito a catorze vezes.

Dessa forma, a córnea implantada é suturada em toda a borda da área substituída, e é tão perfeita e sua adesão ao órgão receptor é tão rápida que o paciente pode sair do hospital depois de poucos dias. Os pontos praticamente não irritam os olhos e algumas vezes permanecem indefinidamente, sem nenhum transtorno para o paciente.

Se bem que o êxito da cirurgia dependa de cuidados técnicos pós-operatórios, sujeitos às mais variadas complicações perfeitamente controláveis, a cirurgia em si é um serviço que demanda a paciência de um cultor de mínimos detalhes: os cortes têm de ser impecavelmente corretos e as suturas sem o menor defeito.

O transparente vidro da janela de um quarto é como a córnea para os olhos: permite a passagem de luz e principalmente a visualização e identificação dos objetos. Quando na janela existe um vidro fosco que só permite a passagem da luz, mas não deixa um objeto ser identificado do outro lado, é como uma córnea opacificada. E é por isso que a córnea afetada tem de ser substituída: para que as pessoas possam olhar e identificar o que veem.

Na fina camada de pouco menos de um milímetro de espessura de uma córnea existem várias substâncias em equilíbrio rígido. Essas substâncias são formadas por água, mucopolissacarídeos e fibras do colágeno. O mínimo transtorno no equilíbrio dessas substâncias afeta a transparência da córnea. Qualquer causa de agressão externa torna fosca essa vidraça transparente que a natureza nos deu. E a sua solução dependerá do transplante da área lesada.

Embora as pessoas não possam perceber, o equilíbrio que permite a transparência da córnea situa-se permanentemente em nível crítico, podendo a qualquer momento sofrer a ruptura que produzirá o dano definitivo.

Um inocente cisco nos olhos poderá transformar-se no perigoso agente que irá danificar permanentemente a transparência da córnea. Geralmente contaminado por bactérias, em poucas horas pode surgir um abscesso que, mesmo tratado e com a infecção controlada, poderá deixar cicatrizes.

O erro mais grave quando se tem um cisco nos olhos é instilar um colírio qualquer, receitado pelo solícito vizinho ou por pessoa não habilitada. A pessoa atingida por um cisco deverá imediatamente procurar seu médico ou um pronto-socorro de oftalmologia. A interferência de leigos deve ser evitada.

As maiores vítimas são as crianças, que não se queixam imediatamente, dando assim tempo para a proliferação de germes na córnea e a formação de abscessos em poucas horas ou no máximo de um dia para outro. Um risco considerado muito elevado situa-se também entre os adultos que trabalham em indústrias que tenham pó em seu ambiente.

A visão perdida em decorrência dos efeitos deletérios de um cisco no olho só pode ser resolvida por meio de um transplante de córnea.

Noventa e sete por cento dos pacientes portadores de ceratocone, grave problema hereditário ligado à conformação do olho, têm a possibilidade de recuperar a visão com o transplante de córnea. Em razão de um crescimento defeituoso da córnea, a sua superfície fica deformada, tomando a forma de um cone. Dessa forma, a luz que chega à retina é dispersada da mesma forma que um vidro ondeado e irregular não permite a visão adequada do objeto. Uma lente de contato pode substituir essa superfície irregular, permitindo a refração correta dos raios luminosos.

Existem alguns acidentes que podem ser considerados como inevitáveis em seus efeitos, como é o caso de reações a explosões químicas inesperadas. As mais frequentes ocorrem nas fábricas, quando substâncias cáusticas atingem os olhos de trabalhadores que, por desleixo seu ou do empregador, deixaram de usar os protetores adequados.

No trabalho doméstico, acidentes também ocorrem com frequência. Tanto a soda cáustica como a amônia, muito usadas na limpeza, podem produzir graves queimaduras na córnea, o que é seguramente uma das grandes fontes de cegueira.

Essas substâncias destroem a capacidade visual de duas maneiras: opacificando a córnea (que normalmente é transparente) ou então provocando a presença de pequeníssimos vasos sanguíneos em locais onde normalmente não devem existir. Com isso, é impedida a formação de uma imagem normal pela retina. A pessoa passa a ver como se estivesse olhando através de uma vidraça fosca.

No momento do acidente com substâncias químicas que atinjam os olhos, os especialistas recomendam: lavá-los imediata e profusamente com água corrente e em seguida procurar um serviço de emergência.

Outro tipo de acidente que está se tornando ultimamente muito frequente é o que ocorre em automóveis. Durante o choque do carro, estilhaços de vidro e ferro podem atingir os olhos, produzindo uma lesão definitiva na córnea.

Dos vários vírus que afetam o ser humano, um em particular é extremamente perigoso para os olhos. Atingindo frequentemente a pele, o vírus do herpes pode chegar facilmente aos olhos.

Quando as pequenas bolhas formadas se situam em outras regiões do corpo, seguindo o caminho dos nervos superficiais (são vírus neurotrópicos), o inconveniente reside apenas na intensa dor que provoca. No caso de afetar os olhos, muitas vezes a única solução é o transplante de córnea, já que o vírus responde parcialmente à medicação (iododioxiuridina), é resistente aos tratamentos usuais e recidiva com frequência.

Quando o transplante de córnea entrou na rotina médica, já em 1930, surgiu o principal problema: como conseguir a córnea humana para a cirurgia. Somente em 1945 essa questão pôde ser definitivamente resolvida. Naquele ano, foi criado em Nova York o primeiro Banco de Olhos de que se tem notícia, especialmente dedicado a prover gratuitamente essa importante membrana dos olhos para os necessitados.

Daquela data em diante, essas instituições beneméritas espalharam-se por todo o mundo. Atualmente, só nos Estados Unidos existem mais de uma centena desses bancos, localizados nos principais centros médicos do país. Na Suécia, toda a população é automaticamente doadora, exceto quando se oponha por escrito às autoridades. Na Europa, cada país tem pelo menos um Banco de Olhos instalado em seu principal centro oftalmológico.

No Ceilão [atual Sri Lanka], o sucesso da doação de olhos para o banco local é absoluto e orgulhosamente as famílias exibem o diploma de doador de um seu parente falecido. E muitas vezes surge o imprevisto de maior número de doadores do que os necessários para as operações; as famílias disputam então a primazia de serem os seus mortos os escolhidos para a doação dos olhos. Existe, nessa atitude, um significado religioso: a doação permitirá ao morto tornar-se merecedor do paraíso.

Em São Paulo funciona um Banco de Olhos desde 1967, fundado pelo médico Tadeu Cvintal. Acha-se instalado, por convênio, em salas cedidas pelo Hospital do Servidor Público Estadual. O fato de denominar-se Banco de Olhos de São Paulo indica que a instituição é autônoma, não tem fins lucrativos e está aberta indiscriminadamente a qualquer paciente e a qualquer médico que necessite de sua colaboração. O Banco de Olhos é apenas o elemento de ligação entre o doador e o receptor, nada cobrando para esse serviço (seu sustento vem de donativos e do esforço de voluntários). Qualquer médico oftalmologista capacitado pode requisitar ao banco córneas para transplantá-las em seus pacientes.

Dos 250 transplantes que até agora o Banco de Olhos proporcionou, 42% foram devidos a cegueira provocada por causas corriqueiras, a que estamos todos sujeitos: 51% das pessoas operadas tinham ceratocone, uma deformação hereditária da córnea, muito comum em nosso meio; e apenas 7% foram efetuados por doenças próprias da córnea e cuja única solução era o transplante. Pela análise dos dados percentuais dos transplantes, pode-se observar que 93% das operações foram efetuadas por causas que podem atingir diretamente qualquer pessoa.

Como rotina, um receptor de córnea não sabe quem foi o doador. Como a doação é efetuada somente após a morte da pessoa, poderiam surgir problemas psíquicos no receptor (inconscientemente, ele poderia ficar desejando a morte de um doador). A doação de córnea de pais para filhos não é aceita nem permitida pelo Banco de Olhos.

O Banco de Olhos de São Paulo não utiliza indigentes como doadores de olhos. Para o seu diretor, o indigente tem de ser recuperado e não ser criado como um grupo à parte de homens fornecedores de córnea. O que deve ser estimulado é um grupo de homens e mulheres voluntariamente doadores de olhos, o que só pode dignificar o ser humano.

O estado de saúde ou o tipo de vida que leva o doador não influi na qualidade da córnea. O indigente é rejeitado apenas porque não tem a opção de decidir. Na verdade, não é bem rejeição: é respeito ao indivíduo.

A qualidade da córnea doadora deriva apenas do cuidado com que é retirada do doador. E é este o aspecto fundamental para o êxito do transplante. A família deve avisar a morte do doador. Após umas poucas horas – no máximo quatro – não será mais possível aproveitá-la. Quatro horas após o óbito, o corpo humano entra em processo de decomposição. O fenômeno ocorre por um processo de autodigestão enzimática que destrói toda a viabilidade de aproveitamento desse tecido.

Através da preservação adequada da córnea doada, o Banco de Olhos de São Paulo obteve 97% de sucesso nos casos de bom prognóstico. Em outros países – quase todos cientificamente desenvolvidos e que possuem um ou mais Bancos de Olhos – a porcentagem de êxito é considerada altamente positiva quando atinge 90% de sucesso.

Praticamente não existem impedimentos para a doação da córnea. Até os cegos podem doá-la, desde que a perda da visão não tenha sido por problemas de córnea.

A atrofia do nervo óptico impede que a imagem formada na retina chegue até o cérebro; a córnea, entretanto, está íntegra. A miopia nada tem a ver com problemas de córnea. A "vista cansada" (presbiopia) é a incapacidade de uma pessoa acomodar sua visão para perto, uma questão muscular, portanto, e o músculo ciliar dos olhos não tem nenhuma relação com a parte que será transplantada.

Um problema frequentemente observado com os doadores é a preocupação quanto à segurança no diagnóstico do óbito. Em relação ao transplante de córnea, esse problema não existe. A remoção é efetuada somente de duas a três horas após o falecimento do doador, quando o óbito pode ser determinado com segurança e certeza absoluta através de testes especiais.

De qualquer forma, no caso dos doadores de olhos, a verificação é efetuada por dois médicos: o próprio médico do paciente, que assinou o atestado de óbito, e o médico do Banco de Olhos. E ambos fazem o exame dentro dos parâmetros já estabelecidos cientificamente para confirmar o óbito. A remoção é feita sem deixar vestígios, não afetando, portanto, a aparência normal do doador.

Folha de S.Paulo, 23.5.1975

Os debates atuais em torno da mamografia

Introduzida na rotina médica há cerca de dez anos para combater uma doença de índices alarmantes, a mamografia atualmente está sendo objeto de intensos debates. Sua finalidade, através da radiografia das mamas, é diagnosticar precocemente o surgimento de tumores malignos.

O problema é que, segundo informações surgidas na imprensa norte-americana, essa radiografia poderia eventualmente induzir o aparecimento de um câncer mamário em decorrência da ação dos raios X emanados durante o exame. Essa impressão não é referendada pela maioria dos especialistas. Por outro lado, se existir realmente o problema, estará criada uma situação paradoxal: se as mulheres não fizerem mamografia, perderão a oportunidade de detectar precocemente um tumor maligno no seio, com a oportunidade para um tratamento adequado e cura sem mutilação; se fizerem o exame, eventualmente poderá surgir um câncer mamário, segundo as informações divulgadas.

Segundo o doutor Antonio Franco Montoro, da Faculdade de Medicina da Universidade de São Paulo e autoridade nesse campo, antes da introdução da mamografia 90% dos cânceres mamários eram descobertos pelas próprias pacientes, com um percentual de cura, sempre com mutilação, que não ultrapassava um terço do número total de mulheres afetadas.

Com o emprego da mamografia, nódulos não palpáveis começaram a ser descobertos precocemente, permitindo assim a cura de cerca de 85% dos casos, embora também à custa de uma mutilação. Mais recentemente, segundo o especialista, progressos observados na identificação radiológica de lesões microscópicas vêm possibilitando o diagnóstico de alterações precursoras do câncer mamário, permitindo a instituição de tratamento adequado e não mutilante.

Animados por essas perspectivas de detecção precoce, foram iniciados em diversas partes do mundo, segundo o doutor Antonio Franco Montoro, programas para exame em massa das mamas através da mamografia. Dessa forma, um número significativo de mulheres consideradas como as mais propensas a desenvolver um câncer mamário, segundo os parâmetros estabelecidos, passaram a ser examinadas de rotina através de mamografia.

O programa que mais se destacou foi o patrocinado pelo Plano de Segurança Sanitária de Nova York, nos Estados Unidos. Mais de 60 mil mulheres entre 40 e 64 anos de idade passaram a fazer anualmente um controle radiológico preventivo. Logo de início, comparando-se com outro grupo, de controle, observou-se que, de cada grupo de 10 mil mulheres examinadas pela mamografia, 27 haviam sido beneficiadas com a descoberta precoce de um nódulo maligno da mama.

Quando o programa de detecção em massa do câncer mamário completou doze anos de atividade, surgiram as primeiras contestações ao programa. Levantou-se o problema de que a dose de raios X acumulada pela paciente mamografada durante esses anos poderia ser suficiente para provocar um câncer na área irradiada. O risco, embora pequeno, não seria igual a zero. Entretanto, segundo o doutor Franco Montoro, para um milhão de mulheres examinadas anualmente durante quinze anos, foi feita a avaliação de que vinte poderão ter um câncer induzido.

Por outro lado, foi estimado no ano passado nos Estados Unidos que uma entre quinze recém-nascidas terá câncer de mama durante a sua vida. Por meio dessas cifras especulativas, poder-se-ia chegar a um cálculo da relação entre o benefício e o risco da prática anual e prolongada da mamografia com finalidade preventiva. Ela seria da ordem de 127 para 1. Para o doutor Antonio Franco Montoro, esses números são muito esclarecedores e por si só defendem a mamografia de seus contestadores.

Folha de S.Paulo, 3.10.1976

O misto-quente, um risco para a saúde

A agitada vida dos que trabalham nas grandes cidades gerou um hábito inadequado. O almoço de todos os dias, para evitar perda de tempo, foi substituído por um lanche rápido, geralmente um sanduíche e um copo de leite, ou refrigerante, ou até mesmo uma cerveja nos dias quentes.

O sanduíche quase sempre é um misto-quente, formado por umas poucas fatias de presunto e queijo. Apesar de eventualmente deixar a pessoa satisfeita, sob o ponto de vista de qualidade em alimentação essa refeição ligeira não é das mais recomendáveis. Sob o ponto de vista de saúde pública, deveria ser abolido. Pelo menos enquanto o governo não tomar algumas medidas saneadoras em relação ao presunto consumido pela população.

Uma análise de 195 conservas de carne consumidas em São Paulo mostrou que algumas amostras infringiam gravemente a lei de aditivos alimentares, segundo afirmam os professores I. Mucciolo, D. R. Meira e C. A. F. Graner, da Faculdade de Ciências Médicas e Biológicas de Botucatu, em trabalho publicado no *Boletín de la Oficina Sanitaria Panamericana* (v. LXXXIII, nº 1), órgão oficial da OPAS, que é o representante da Organização Mundial da Saúde para as Américas. As conservas de carne estudadas foram produzidas por 21 indústrias, a maioria localizada na capital ou em outras cidades do Estado de São Paulo.

Os autores verificaram em seu estudo uma infração evidente do dispositivo legal de aditivos alimentares, ou seja, que a quantidade de fosfato estranho nas amostras de presunto era pouco mais do que o dobro do permitido. Nas mortadelas e salsichas, os teores médios de fosfato (um sal do ácido fosfórico) estavam dentro dos padrões legais, na grande maioria das amostras.

Os fosfatos são usados para compactar a carne de suínos e emulsionar sua elevada carga de gordura. A legislação brasileira admite o seu emprego até o limite máximo de 0,5%. No trabalho, afirmam os autores que a elevada carga de fosfatos dos presuntos analisados e o conhecimento de que isso ocorre em outros alimentos – como é o caso do queijo fundido, cuja fabricação exige cerca de 3% de fosfatos – devem constituir um alerta para as autoridades de saúde pública, sobretudo com vistas à distorção da relação cálcio-fósforo da dieta humana. Essa distorção causada pela maior ingestão de fósforo na dieta tem sido apontada por cientistas como responsável pela alta incidência de cáries e pelo raquitismo e osteoporose senil (uma porosidade anormal dos ossos).

Segundo os autores, as substâncias químicas, naturais ou sintéticas, têm níveis de toxidez que variam segundo a quantidade ingerida e, se algumas se mostraram úteis, dentro de certas condições, podem se tornar perigosas quando inadequadamente usadas.

Citando a opinião do pesquisador Bianchi, referem que já não mais se discute a inocuidade dos polifosfatos lineares, de que são constituídas praticamente todas as misturas comerciais aplicadas na indústria de carnes, mesmo que ainda subsistam algumas reservas limitadas à ingestão de grandes doses. Por outro lado, os fosfatos empregados nos alimentos não ostentam padrões de qualidade, o que é muito importante, já que é sabido que suas impurezas mais comuns são constituídas por arsênico, flúor, chumbo e outros metais pesados.

As 195 amostras estudadas estavam assim distribuídas: 78 mortadelas simples ou do tipo Bologna; 65 salsichas do tipo Viena ou Frankfurt e salsichão; 17 presuntos cozidos convencionais; 35 presuntos tipo dinamarquês ou magro. Todas as amostras examinadas dos dois tipos de presunto estavam em desacordo com a legislação brasileira para aditivos químicos nos alimentos.

Embora três amostras de mortadela e uma de salsicha tivessem apresentado resultados individuais ilegais, os valores das médias das amostras de todas as indústrias ou de cada uma isoladamente foram homogêneos e se enquadraram na lei nacional de aditivos. Os teores médios de fosfatos dos produtos analisados apresentaram altos valores para todas as indústrias de onde se originaram as amostras, sugerindo evidente falta de controle de qualidade no processamento industrial.

Folha de S.Paulo, 16.10.1977

Trabalho e gravidez

Uma preocupação bastante antiga é a de se saber se a mulher que trabalha, quando grávida, pode ou deve prosseguir em sua atividade profissional. No Brasil, os especialistas calculam existir em torno de 1,5 milhão de mulheres trabalhadoras grávidas por ano.

E afirmam, também, que a gestação para a mulher perfeitamente sintonizada com a ideia da maternidade, e portanto bem equilibrada psicologicamente, além de livre de patologia intercorrente, não representa fator importante na queda da produtividade.

Segundo o professor Umberto Gazi Lippi, de São Paulo, em trabalho apresentado ao 12º Congresso Brasileiro de Ginecologia e Obstetrícia, não há contraindicação para a atividade remunerada da grávida, quer sob o aspecto de sua saúde e da saúde do filho que irá nascer, quer no que se refere à produtividade.

Para o especialista, muitos dos fatores lesivos ligados diretamente ao trabalho, como locais onde são manipuladas drogas ou substâncias que possam produzir danos ao feto, podem ser evitados por ação do médico, que deve atuar no sentido de prover condições e trabalho adequados à gestante.

Para o professor Lippi, o setor do trabalho deve mudar, se necessário, mas não ser interrompido permanentemente na gestação, por esse fato exclusivo. Elas devem ser afastadas de locais insalubres ou onde haja possibilidade de contato com substâncias tóxicas, devem ser remanejadas se trabalharem em período noturno ou retiradas dos locais onde o trabalho seja excessivamente pesado.

Ainda em relação ao trabalho e o repouso da gestante que trabalha, o professor Lippi destaca um fato muito importante. A mulher grávida deve interromper seu trabalho pelo menos seis semanas antes e seis semanas após o parto. E deve ser evitada uma prática corrente em nosso meio: retardar o início do repouso antes do parto para, depois, ter um período maior junto ao novo filho.

Finalmente, o especialista propõe, em seu trabalho, prorrogar os períodos de repouso pré e pós-parto, acrescentando o que exceder as doze semanas, já previstas por lei, no total necessário à aposentadoria da mulher. Afirma o professor Lippi que muitas mulheres optariam por maiores períodos de afastamento do trabalho nessas épocas, em detrimento de uma aposentadoria um pouco mais precoce. Com isso ocorreriam menos complicações gravídicas, neonatais e do primeiro ano de vida da criança, o que muito beneficiaria as condições de vida e saúde da população.

Folha de S.Paulo, *30.9.1979*

O desprezado perigo alcoólico

No alegre e descontraído ambiente das festas e confraternizações surge, como sempre, uma ameaça latente. Produzindo inicialmente desinibições e elevação no estado de ânimo das pessoas, uma excessiva e desordenada ingestão de bebidas alcoólicas nas suas mais diferentes formas poderá trazer graves transtornos.

Como a velocidade de absorção do álcool é mais rápida que a sua eliminação, ele se acumula no organismo por longo tempo. Experiências já demonstraram que, após uma ingestão única, ele se mantém em um nível máximo no sangue aproximadamente durante cinco horas. De 5% a 10% do álcool ingerido é excretado e o restante se oxida para formar CO_2 e água, a uma velocidade de cinco a dez centímetros cúbicos por hora.

Já que a eliminação do álcool é muito mais lenta que a sua absorção, as pessoas que ingerirem bebidas alcoólicas de forma exagerada irão apresentar, inicialmente, embotamento mental e incoordenação motora. Continuando a beber, a pressão arterial irá diminuir, o pulso se tornará rápido e o nível de consciência ficará cada vez mais alterado. Na etapa seguinte, dependendo da quantidade ingerida, poderá ocorrer colapso circulatório e coma profundo, seguido de morte.

Além dos casos de intoxicação aguda produzida pelo álcool em épocas especiais, está surgindo agora um novo problema relacionado com a ingestão permanente e rotineira de bebidas alcoólicas em grupos sociais particularmente vulneráveis, segundo um relatório de especialistas da Organização Mundial da Saúde recentemente publicado na revista oficial desse organismo internacional, *Crónica de la* OMS.

Em muitos países, diz o relatório, as pessoas são submetidas a novas exigências e tensões, no mesmo momento em que enfraquecem as antigas formas de apoio da família e da coletividade. A bebida converte-se então em um símbolo de prestígio e de êxito, além de ser um tranquilizante acessível.

As consequências, prossegue o relatório, podem ser compreendidas observando-se a especial vulnerabilidade de determinados grupos, nesses países, em relação aos problemas suscitados pelo álcool. Por uma combinação de circunstâncias, um desses grupos acha-se constituído pelos novos profissionais e dirigentes. Em um determinado país da África, a primeira geração de profissionais liberais tornou-se incapacitada pelo alcoolismo. Essa repercussão sobre o grupo de alta capacidade de trabalho e liderança representa uma perda incalculável em um país onde o número dessas pessoas é mínimo e imprescindível para o desenvolvimento nacional.

Por outro lado, esses problemas são também frequentes em áreas urbanas para onde migrou a população rural, que se viu arrastada a uma forma diferente de vida daquela que conhecia. Os jovens, desprovidos dos valores tradicionais, são particularmente expostos, assim como as mulheres, que, pela primeira vez, têm a possibilidade de não tomar conhecimento da proibição de beber anteriormente imposta pelas tradições culturais de seus locais de origem.

Finalmente, o relatório destaca a repercussão do consumo excessivo de bebidas alcoólicas em comunidades nas quais o nível de nutrição é, no melhor dos casos, marginal.

As consequências consistem não somente no dano físico mas também na frequência com que essas circunstâncias provocam psicoses orgânicas.

Folha de S.Paulo, 23.12.1979

Remédios, uma forma de evitar problemas durante a viagem

Entusiasmado com a sua próxima viagem, geralmente o turista se esquece do fator mais importante para aproveitar as férias: a sua saúde.

Na verdade, o turista deve pensar em sua saúde antes, ao longo e depois da viagem. Essa atitude não deve ficar restrita apenas aos portadores de doenças crônicas que não os impedem de viajar. São principalmente as pessoas sadias que quase sempre assumem riscos que na rotina da vida diária evitariam.

Um dos mais elementares cuidados é levar consigo um estojo de primeiros socorros. Dependendo da região para onde irá, poderá acrescentar mais alguns itens. Os principais são produtos para uso imediato, como líquidos antissépticos, para pequenos arranhões; medicamentos analgésicos, antidiarreicos e para cólicas (antiespasmódicos); comprimidos para enjoo; cremes contra queimaduras de sol; produtos para repelir insetos, pomadas para o caso de apresentar reações alérgicas cutâneas às picadas de insetos; e principalmente reidratantes.

Pessoas que tomam remédios diariamente devem levá-los em quantidade suficiente para todo o tempo em que estiverem viajando. Nem sempre poderão encontrá-los ou comprá-los com facilidade no exterior.

Com o estojo preparado, o passo seguinte é o dentista. Uma dor de dente, com sua intensidade peculiar, poderá arruinar os melhores passeios. Antes da viagem, uma rápida visita ao dentista poderá evitar esse desagradável transtorno.

Outro cuidado a tomar, ainda antes do embarque para o exterior, é verificar a possibilidade de fazer um seguro-saúde de viagem. Um agente de viagens poderá orientá-lo. Verifique, entretanto, se essa cobertura será suficiente. Nos Estados Unidos e na Europa os cuidados médicos e hospitalares são caros. A cobertura mínima recomendada por pessoa é de cerca de 25 mil dólares.

O acompanhante mais incômodo em uma viagem não é o vizinho do lado. São as diarreias. Elas podem causar situações que variam desde leves transtornos, facilmente contornáveis com os remédios de seu estojo de primeiros socorros, até situações bem graves, que poderão interromper as férias. Ou, ainda, provocar situações vexatórias quando um banheiro não for encontrado com a rapidez necessária.

Uma viagem de férias geralmente provoca mudanças. Em particular psicológicas, em razão de o pesado fardo dos compromissos diários ter sido relegado a segundo plano. Essa situação pode levar algumas pessoas a comer e a beber exageradamente, em particular bebidas alcoólicas, afirma o doutor R. Herniman, do Programa de Controle das Doenças Diarreicas da Organização Mundial da Saúde (OMS). Por isso, o melhor conselho é o de que a moderação sempre dá bons resultados, principalmente em relação a comidas e bebidas.

As diarreias dos viajantes têm as mais diferentes causas. Usualmente resultam de infecção por alimentos ou água contaminados. A causa mais comum é um dos vários tipos de uma bactéria, a *Escherichia coli*. Mas também podem ser causadas por bactérias como a *Shigella*, que provoca disenteria, ou ainda por outras que produzem intoxicação alimentar, como o *Staphylococcus aureus*.

A melhor forma de prevenir esse transtorno é reduzir os riscos. Nos países onde existe um bom controle de qualidade da água, não há o que temer. Em regiões onde podem surgir dúvidas, deve-se beber apenas água mineral gaseificada e chá ou café preparados com água fervida. Quanto aos alimentos, comer apenas os que tenham sido bem cozidos imediatamente antes de servidos. E evitar álcool em excesso e grandes e pesadas refeições. Quanto às saladas, o melhor é deixar para comê-las apenas em casa, com o seu tempero predileto.

Alguns turistas, entretanto, correm um risco especial. São os que, por problemas de gastrites ou úlceras de estômago ou duodeno, costumam tomar antiácidos. Essas drogas neutralizam a acidez protetora do estômago, explica Herniman.

Por outro lado, a diarreia é mais grave em crianças e pessoas idosas. Em consequência da perda de líquidos e sais orgânicos provocados pela diarreia, podem adoecer gravemente. Ocorre o mesmo com pessoas com distúrbios metabólicos, como diabéticos e pacientes cardíacos que usam diuréticos e digitálicos.

Se apesar de todos os cuidados surgir um quadro de diarreia, a pessoa deve reidratar-se rapidamente. Para isso, poderá novamente recorrer ao seu estojo de primeiros socorros. Existem alguns reidratantes já prontos à venda, nas farmácias. Mas eles também podem ser preparados na hora. Para um litro de água potável, dissolva 3,5 gramas de cloreto de sódio (o velho sal de cozinha); 2,5 gramas de bicarbonato de sódio; 1,5 grama de cloreto de potássio e 20 gramas de açúcar. Além, é claro, de tomar os seus antiespasmódicos e antidiarreicos.

Existem ainda várias outras medidas pessoais a adotar a fim de melhor usufruir de uma viagem. A publicação *Certificados de vacinação exigidos nas viagens internacionais e conselhos de higiene para os viajantes*, da OMS, traz algumas recomendações práticas. Como a de usar roupas e sapatos adequados ao tipo de área e turismo que será realizado, evitar exposição prolongada ao sol sem estar habituado ao calor e dar maior atenção à higiene pessoal, além de evitar muita atividade física.

Para algumas áreas, há recomendações específicas. Para as regiões tropicais onde existem insetos que podem transmitir várias doenças, é sugerido desde repelentes tipo spray até a profilaxia medicamentosa contra a malária, se for o caso.

Outro cuidado destacado pela OMS é o risco de doenças sexualmente transmissíveis. Para os especialistas, o maior risco, nesse caso, provém dos encontros "não comerciais". Como ainda não existe vacina eficaz para essas doenças, recomendam tomar como base as regras elementares da higiene.

Finalmente, deve-se destacar que os eventuais riscos à saúde durante uma viagem não devem desencorajar os turistas. As férias são realmente importantes, não só sob o ponto de vista físico e psicológico, mas também cultural.

E ficar em casa, curtindo um estresse permanentemente, pode resultar em riscos muito maiores do que os de uma viagem descontraída.

Folha de S.Paulo, 12.10.1984

Doenças de personalidades

Quando celebridades adoecem
Carlos Eduardo Lins da Silva

Em 1980, ao escrever sobre a morte de Petrônio Portella, ministro da Justiça do último governo do regime militar, liderado por João Baptista Figueiredo, e considerado como alternativa civil para sua sucessão, Julio Abramczyk disse o seguinte: "O paciente, um possível candidato à Presidência da República, via na sua doença a possibilidade do fim de suas aspirações".

Portella havia sofrido um grave problema cardíaco, mas – apesar da recomendação de seu médico – resolveu não se internar para exames mais aprofundados e possível cirurgia, a fim de manter o assunto como segredo. O médico chegou a sofrer ameaça de punição por causa do episódio, que resultou na morte do paciente. Casos como este foram comuns na história, e Abramczyk fez um diagnóstico preciso quando tratou de sua causa: alguns políticos preferem correr o risco de perder a vida do que ver sua enfermidade se tornar pública e dificultar suas ambições.

O 28º presidente dos Estados Unidos, Woodrow Wilson, por exemplo, foi submetido a uma cirurgia na Casa Branca em 1918, da qual só souberam à época o médico, a enfermeira que o assistiu, a primeira-dama e um mordomo. O público só foi informado dos fatos em 2007, quando os documentos relativos a eles, considerados muito secretos, puderam ser pesquisados.

Mas a sociedade tem todo o direito de saber quais são as exatas condições médicas e físicas das pessoas que a dirigem ou pretendem dirigi-la. O respeito à privacidade, nesse aspecto específico, não se estende às pessoas que disputam ou exercem cargos públicos.

Como afirma o *Manual da Redação* da *Folha de S.Paulo*, "estão naturalmente mais expostas à curiosidade da mídia e do leitor aquelas personalidades que optaram por ter uma vida pública: políticos e membros do governo, estrelas do *show business* e do esporte [...]. Quando a intimidade estiver ligada ao interesse público, ela estará naturalmente mais sujeita à exposição".

Um dos aspectos mais notáveis das mais de cinco décadas em que Julio Abramczyk vem exercendo seu ofício na *Folha* tem sido o do exame acurado e meticuloso que ele deu a doenças de diversas personalidades. E nesse período, deve-se registrar, o Brasil avançou muito em termos de transparência.

Quando a *Folha* revelou, em 2009, que Dilma Rousseff, aspirante à Presidência, havia sido diagnosticada com um câncer linfático, tanto a então ministra quanto os políticos e o público em geral reagiram com absoluta naturalidade. Aquele seria apenas mais um dado de sua biografia que os eleitores teriam de levar em consideração quando fossem votar. Como se viu em outubro de 2010, não impediu que ela saísse vitoriosa.

Um dos primeiros políticos de expressão nacional em qualquer país que admitiu ter câncer foi Paul Tsongas, que, em 1992, enfrentou Bill Clinton e outros pela candidatura do Partido Democrata à Presidência dos Estados Unidos.

O caso de Tsongas era bem mais grave que o de Dilma. Mas ele deixou de ganhar as eleições primárias que disputou não por causa da enfermidade ou das reações do eleitorado a ela, e sim por causa de seus planos radicais de aumentar impostos para balancear o orçamento federal. Ele foi um político único: não só admitiu ter câncer como anunciou que iria fazer no governo o que tinha de ser feito, não o que os eleitores queriam escutar que seria feito.

Esconder o histórico médico, no entanto, custou caríssimo a Thomas Eagleton, que, em 1972, teve de renunciar à candidatura à Vice-Presidência dos Estados Unidos pelo Partido Democrata quando se revelou que ele havia sido tratado com eletrochoques na juventude durante uma crise psicótica, da qual se recuperou plenamente.

No caso de Eagleton, é difícil saber se o que o fez pagar o preço da renúncia foi o fato de ele ter mentido ao público sobre seu passado ou a sua condição mental décadas antes. De qualquer modo, não há dúvida de que o público tinha de saber se o homem que eventualmente teria o poder de ordenar ataques nucleares havia ou não ao longo da vida gozado de boas condições emocionais e psíquicas.

O episódio que mais me aproximou de Abramczyk profissionalmente foi o longo e tenso período da doença e morte de Tancredo Neves. A exemplo do que fizera seu predecessor, João Figueiredo, sobre cujas enfermidades Abramczyk também escreveu bastante, Tancredo escondeu o quanto pôde (e não só de jornalistas e da sociedade, como se soube depois, mas de seus próprios médicos – já que contava a cada um apenas parte de seus problemas) quais eram as suas condições reais de saúde às vésperas de sua posse na Presidência da República, marcada para 15 de março de 1985.

É difícil reproduzir ou mesmo recordar com detalhes precisos o estado de estupor em que caiu a nação com a notícia de que o presidente eleito – o primeiro civil depois de 21 anos de regime militar, o depositário de esperanças enormes da população por melhores dias – havia sido internado e submetido a uma cirurgia na noite anterior. E é impressionante, 28 anos depois, constatar como Julio Abramczyk, amparado pelos seus conhecimentos médicos, foi capaz de manter admirável ceticismo crítico, virtude essencial do jornalista.

O primeiro texto de sua autoria sobre o assunto, da longa série que se sucederia ao longo de 38 dias, destacava logo na abertura "as desencontradas informações sobre a operação de urgência" e concluía que o mais provável é que seus colegas médicos tivessem feito uma intervenção exploratória e que a causa do problema ainda deveria ser esclarecida.

O título de seu artigo de 16 de março é expressivo ("Os diagnósticos deixam dúvidas") e contrasta vigorosamente com o da retranca que reproduzia as declarações oficiais ("Médicos preveem recuperação rápida"). O texto mostrava a experiência do médico a serviço do leitor: "Se a cirurgia foi uma simples intervenção, porém urgente, não haveria maiores razões para o paciente permanecer no centro de recuperação pós-operatória, pelo menos até ontem à noite. Normalmente, ele já estaria em seu quarto e na tranquilidade do apoio familiar após a recuperação anestésica".

O olho clínico via, com enorme precisão, o que o leitor comum não conseguia e o que os porta-vozes tentavam obstruir como os fatos posteriormente viriam comprovar: "Ou, então, o problema foi diferente do inicialmente divulgado oficialmente, tendo-se verificado ou uma perfuração intestinal que resultou em um grave quadro de peritonite ou foi mais grave ainda, sendo até viável a hipótese de um tumor que poderia eventualmente ter produzido uma oclusão intestinal...".

Como se sabe, a *Folha* revelaria depois (na edição de 21 de março de 1985) que Tancredo Neves tinha tido um tumor benigno, extirpado de seu intestino na cirurgia da véspera da posse, exatamente como Abramczyk cogitou um dia depois, com base apenas na sua intuição e na sua experiência médica a partir das dúvidas que os relatos oficiais despertaram nele.

As autoridades preferiram evitar a palavra "tumor" por receio de que ela pudesse causar comoção pública e alimentar a expectativa de que a doença fosse grave. Durante semanas, o jornal sofreu os piores ataques de autoridades por ter informado o que de fato ocorrera com o presidente eleito, como mais tarde todos confirmariam.

Abramczyk escreveu em 21 de março:

Mais uma vez a conhecida caixa de segredos que é o abdome desmente as desencontradas informações sobre o delicado estado de saúde do presidente Tancredo. Poucos momentos antes de Tancredo ser encaminhado à sala de cirurgia, onde foi reoperado, seu secretário particular, Aécio Cunha Neves, afirmava que seu estado era bom e que a situação estava sob controle. Não estava.

Era necessária uma coragem enorme para contestar assim, de modo firme e categórico, o que as fontes oficiais diziam sobre o presidente eleito, que foi aos poucos se convertendo quase num mártir santificado para grande parte da população, que via nele a consumação de todos os seus sonhos. O jornal e seus jornalistas eram acusados de serem "agourentos", de estarem "torcendo contra" a recuperação da saúde do presidente. Até ameaças de agressão física eram feitas contra os que escreviam as "más notícias". O jornal era chamado de "alarmista", "vulgar", "grosseiro", "pessimista", "insensível", "sensacionalista".

Nessa época, eu era um dos secretários de redação da *Folha* (ao lado de Caio Túlio Costa e sob a direção de Otavio Frias Filho). Éramos os três muito jovens, e aquela foi a nossa grande prova de fogo, no sentido de que pela primeira vez o dever profissional nos levava a adotar uma posição editorial que ia contra a vontade de um contingente significativo de leitores e da opinião pública, que prefeririam acreditar nos edulcorados informes do governo, que seguiam dando garantias à população de que Tancredo Neves estava bem e logo se recuperaria para assumir o posto de presidente.

A presença ao nosso lado de Julio Abramczyk, com sua experiência serena, foi de fundamental importância, ao lado do suporte que recebíamos do *publisher* do jornal, Octavio Frias de Oliveira, para que mantivéssemos o rumo, apesar das agressões e desconfianças de que éramos alvo.

Eram eles dois que nos davam segurança para contraditar, com fatos apurados frequentemente *off the records*, os boletins que desde o dia 14 de março ("A Nova República começa bem de saúde", declarou o médico Renault de Mattos Ribeiro ao informar, de manhã, que o presidente eleito estava curado de faringite, o único mal que o teria acometido) enganavam a nação.

Como não havia transparência nenhuma nos comunicados do Planalto e não era possível correr o risco de ser leviano, precisávamos interpretar os fiapos de realidade que eram oferecidos ao público para tentar oferecer informação de modo verossímil e confiável. Eram exercícios similares aos dos sovietólogos da Guerra Fria, que tentavam encontrar a realidade por trás das aparências das fotos e declarações do Kremlin.

Novamente aqui, o conhecimento e o traquejo de Abramczyk eram essenciais. Quando, em 26 de março de 1985, se divulgou a célebre foto de Tancredo Neves, sorridente, em *robe de chambre*, com sua mulher e os médicos, Abramczyk tentou decifrar seu aspecto estranhamente gorducho para quem já estava havia dias sem alimentação: "É possível que esse aspecto [de pessoa gorda] tenha sido devido a uma retenção hídrica por excesso de volume ofertado. Essa medida eventualmente poderia ter sido tomada por já apresentar o sangramento que provocou sua remoção para São Paulo".

Na edição de 15 de abril, seis dias antes do desenlace final do drama, Julio Abramczyk novamente demonstrou sua bravura jornalística ao assinar o artigo intitulado "Infecção evolui;

não há chances de recuperação", em que afirmava: "A maratona do presidente eleito Tancredo Neves está terminando. Em outro paciente sob as mesmas adversas condições, provavelmente teria terminado muito tempo antes".

Enquanto boa parte do país ainda acreditava num milagre e se ressentia dos que analisavam as evidências e delas tiravam a conclusão lógica, a *Folha* preparava a sociedade para o "inexorável", como seu redator médico alertara quase uma semana antes de ele ocorrer.

No dia seguinte, quando o jornal estampou uma de suas manchetes mais polêmicas dessa série, "Médicos esfriam Tancredo", mais uma vez o conhecimento de Julio Abramczyk lhe deu sustentação, com um pequeno texto na primeira página que explicava o procedimento de hipotermia, "uma arma para prolongar a vida".

Tancredo Neves não foi o primeiro presidente de cuja saúde Julio Abramczyk cuidou nas páginas da *Folha*. Em 1983, João Figueiredo foi levado a Cleveland, nos Estados Unidos, para fazer exames cardíacos e acabou operado. Apesar de ainda no regime militar, a tarefa de Abramczyk foi muito mais fácil nesse episódio porque as informações dos boletins médicos do hospital americano eram transparentes.

Os médicos de Cleveland não iriam em nenhuma hipótese, por causa de eventuais interesses políticos do paciente, ocultar ou deturpar informações. Os Estados Unidos já tinham um ambiente institucional, depois de Wilson, Eagleton e outros, em que era fácil concluir que, em caso de enfermidades de autoridades, a única saída possível é revelar toda a verdade.

Felizmente, o Brasil do século XXI também usufrui desse ambiente. A completa tranquilidade com que o ex-vice-presidente José Alencar se submeteu a uma sequência de cirurgias para lidar com o câncer e suas sequelas e a maturidade com que todos lidaram com a enfermidade da candidata Dilma Rousseff são provas incontestáveis disso.

Julio Abramczyk não precisa mais exercitar seus dons de sovietólogo, mas seu conhecimento da medicina a serviço do jornalismo continua indispensável para os leitores.

Óbito do senador Petrônio Portella

Um dos fatores estabelecidos há vários séculos para o tratamento das mais diferentes afecções que acometem ao ser humano é o segredo médico, no qual se baseia também a relação médico-paciente.

É claro que existem situações nas quais o paciente, por problemas de foro íntimo, declina do tratamento indicado, muitas vezes até com risco de vida, como o que frequentemente ocorre com pessoas que por problemas religiosos recusam-se a receber transfusão de sangue.

O mesmo não ocorre no campo da psiquiatria, quando reconhecida em certos tipos de doentes a ausência do que se entende das plenas faculdades mentais.

Um aspecto inusitado nas relações médico-paciente surgiu com o falecimento do senador Petrônio Portella Nunes, em janeiro do ano passado [1980], e as recentes informações de uma possível punição do médico que o atendeu. A punição seria dada por infração ético-profissional decorrente de imprudência, imperícia ou negligência no atendimento ao doente. O médico que o atendeu é um especialista respeitado em sua área, tendo até presidido congressos nacionais da especialidade. Podem ficar afastadas, portanto, a imperícia ou a negligência. Teria sido imprudência, então, permitir ao paciente permanecer em sua casa, recebendo o tratamento.

É neste ponto que surgem as discussões. A possibilidade do infarto já havia sido aventada quando o paciente apresentou o episódio inicial em Santa Catarina. Um serviço médico especializado de São Paulo foi contatado com urgência e posto de prontidão para a eventualidade de um exame cineangiocoronariográfico, para um possível diagnóstico de obstruções nas artérias coronárias, e posterior cirurgia cardíaca, se indicada. Esse exame foi recusado pelo paciente, que preferiu desembarcar em Brasília, recusando também internar-se em um hospital. O paciente, portanto, insistiu em manter a sua doença dentro do restrito círculo do segredo médico: dele e do médico que o atendeu. O paciente, um possível candidato a candidato à Presidência da República, via na sua doença a possibilidade do fim de suas aspirações e na sua internação hospitalar o vazamento de um segredo que pretendia manter.

Com o paciente em suas plenas faculdades mentais e com o conhecimento dos riscos que corria permanecendo em sua casa, apesar do tratamento que vinha recebendo, poderia o médico declará-lo insano e interná-lo à força no hospital?

Folha de S.Paulo, *6.8.1981*

O exame das coronárias

O presidente Figueiredo deverá submeter-se, amanhã, no Cleveland Clinic Hospital, nos Estados Unidos, a uma cinecoronariografia. Esse exame permite detectar com precisão eventuais lesões obstrutivas nas artérias coronárias ou em seus ramos.

Em razoável percentagem de pacientes que apresentaram a oclusão de um dos ramos das coronárias (infarto), outros ramos podem estar semiocluídos. Esse achado poderá eventualmente indicar a cirurgia de revascularização do miocárdio, conhecida pelo nome de "ponte de safena". Essa operação tem por finalidade evitar que importantes áreas do coração com irrigação deficitária entrem em colapso.

O Cleveland Clinic Hospital detém a prioridade de, em seus serviços, terem sido estabelecidos, pelo médico norte-americano Mason Sones, os parâmetros da cinecoronariografia. Igualmente naquele hospital o médico argentino René Favaloro indicou o caminho que revolucionou esse tipo de cirurgia.

Na rotina daquele serviço, quando um paciente vem para o exame, submete-se inicialmente à consulta clínica e aos exames eletrocardiográfico, ecocardiograma, teste ergométrico e mapeamento cardíaco com radioisótopos por pouco menos de US$ 800. Indicada a cinecoronariografia, o preço será de US$ 1.200 e, se necessária a cirurgia, serão mais US$ 25 mil. O ato cirúrgico em si não apresenta grandes diferenças em relação ao de outros centros de cirurgia cardíaca de todo o mundo, devendo-se destacar, entretanto, o alto padrão da medicina hospitalar norte-americana.

Os riscos da cinecoronariografia são mínimos, porém existem. A incidência de complicações encontra-se atualmente muito reduzida e as estatísticas dos serviços nacionais e estrangeiros indicam igualmente cerca de nove óbitos para cerca de 10 mil exames realizados.

O exame é realizado com o paciente acordado, sendo feita apenas anestesia local em uma área do braço direito para atingir uma artéria (braquial direita). Nessa artéria é introduzido um tubo fino especial (cateter) com aproximadamente oitenta centímetros de comprimento, que será empurrado até a aorta.

Em seguida, a ponta do cateter, sob a visão de um circuito fechado de televisão acoplado a um sistema especial de raios X, é introduzida no início das artérias coronárias direita e esquerda. São injetadas depois pequenas doses de uma substância de contraste para opacificação adequada dos vasos coronários.

A passagem do contraste através de todos os ramos das coronárias é registrada por uma filmadora de 35 milímetros, a uma velocidade de sessenta imagens por segundo. Depois de estudada cada artéria, é feita a medida da pressão da cavidade cardíaca e estudada a atividade das válvulas cardíacas. Terminando o exame, o cateter é retirado e a artéria por onde ele foi introduzido é suturada. A duração desse exame é de aproximadamente trinta minutos.

Folha de S.Paulo, 18.10.1981

Prevaleceu o bom-senso

Na decisão do presidente Figueiredo de submeter-se à cirurgia prevaleceu o bom-senso. Desde que já estava decidida a operação, transferi-la para segunda-feira apenas faria com que ele permanecesse por mais tempo nos Estados Unidos.

Por outro lado, como todas as informações indicam que Figueiredo tinha uma obstrução na coronária direita, o que motivou o infarto de 1981, a obstrução de 90% a 92% da coronária esquerda detectada nos exames de ontem poderia resultar em um novo infarto, dessa vez fatal.

Nesse caso, não só estava realmente indicada a cirurgia de revascularização do miocárdio, como de nada adiantaria esperar mais tempo. Com o problema antecipadamente resolvido, o retorno ao Brasil será igualmente antecipado.

Na entrevista coletiva que o doutor William Sheldon concedeu à imprensa, após o término da cirurgia, o especialista referiu que "o doutor Loop fez uma ponte mamária na frente do coração e, ao mesmo tempo, fez outra ponte de safena". A cirurgia teve a duração de cinco horas.

O implante de artéria mamária, uma artéria localizada no tórax, para melhorar a perfusão das coronárias foi proposta em 1945 por Vineberg e entrou na rotina do Cleveland Clinic Hospital em 1961. Já há 22 anos, cerca de 1.200 pacientes haviam recebido esse tipo de implante, que com o tempo foi aperfeiçoado e ganhou o nome de implante de Vineberg-Sewell.

A artéria mamária, por sua localização torácica de fácil acesso, é implantada de forma a manter um íntimo contato com os ramos descendentes lateral e posterior das coronárias direita ou esquerda.

Por outro lado, foi igualmente implantada uma ponte de veia safena (tirada de uma das pernas do paciente), o que irá fazer com que os problemas produzidos pela obstrução de 90% da coronária esquerda sejam superados por essa circulação colateral artificial. Um dos lados da ponte é normalmente implantado na aorta e o outro lado imediatamente após a obstrução. Esse tipo de cirurgia foi igualmente usado pela primeira vez no mundo no Cleveland Clinic Hospital, em setembro de 1967, e foi proposto pelo doutor Renê G. Favaloro, um médico argentino que naquela época trabalhava no Departamento de Cirurgia Torácica e Cardiovascular daquele hospital.

Após a cirurgia o presidente Figueiredo foi encaminhado ao Centro de Terapia Intensiva. Nessas primeiras horas, ainda dormindo, nada irá sentir. Provavelmente ainda na manhã de hoje, ou o mais tardar à tarde, já estará consciente e em exercícios respiratórios. Amanhã continuará recebendo medicamentos para diminuir a dor, normalmente muito forte, e continuará fazendo exercícios. Depois de amanhã retorna ao seu quarto e, se não se verificarem intercorrências, terá alta hospitalar.

Folha de S.Paulo, 16.7.1983

Sarney toma posse conforme a lei; Tancredo já anda no quarto

O presidente eleito Tancredo Neves tem uma evolução clínica considerada "boa" pelos médicos que o assistem. Ontem à tarde caminhou pelo quarto, conversou com a equipe do Hospital de Base de Brasília e revelou "excelente humor", de acordo com o último boletim médico do dia, expedido às 18h45.

Apesar do tom otimista dos informes do hospital, ainda não é possível definir em quanto tempo o presidente eleito poderá tomar posse de seu cargo. Em entrevista coletiva concedida ao meio-dia de ontem, os médicos Renault Ribeiro, Pinheiro Rocha e Gustavo Arantes estimaram que Tancredo poderá ter alta daqui a oito ou dez dias, mas ressalvaram que essa data poderá ser antecipada ou postergada, dependendo dos resultados dos exames diários a que o paciente será submetido.

O cirurgião Pinheiro Rocha explicou aos jornalistas que Tancredo sofreu uma "laparotomia exploratória", ou seja, uma incisão na parede abdominal (de dez a doze centímetros), através da qual foi possível investigar o estado dos órgãos que compõem a cavidade peritonial.

Foi constatada uma inflamação no divertículo de Meckel, uma pequena bolsa oca que existe em apenas 2% da população mundial. O divertículo foi ressecado e retirado, junto com parte da parede vizinha do intestino delgado, numa cirurgia que levou entre uma hora e cinquenta minutos e duas horas.

O redator médico da *Folha*, Julio Abramczyk, acredita que o diagnóstico definitivo e as perspectivas de uma recuperação rápida só poderão ser avaliados no decorrer do dia de hoje. Ele não vê motivos para dúvidas a respeito do estado clínico do presidente eleito, se o que houve foi apenas a cirurgia descrita pelo doutor Pinheiro Rocha. Mas, em virtude das contradições verificadas entre os depoimentos dos médicos durante a coletiva, Abramczyk levanta a possibilidade de a equipe estar esperando o resultado anatomopatológico da peça retirada para, então, decidir sobre novas medidas clínicas que possam ser eventualmente necessárias.

Folha de S.Paulo, *chamada da primeira página do jornal, 16.3.1985*

Os diagnósticos deixam dúvidas

As desencontradas informações sobre a operação de urgência do presidente Tancredo Neves sugerem que o diagnóstico inicial foi de um abdome agudo, de causa a esclarecer após a cirurgia.

Na entrevista coletiva de ontem, enquanto o doutor Renault Ribeiro, médico clínico de Tancredo Neves há vários anos, afirmava ter sido uma apendicite aguda (o que excluiria então a possibilidade de já ter sido anteriormente operado por esse problema), o doutor Pinheiro Rocha, que liderou a equipe cirúrgica, descrevia imediatamente em seguida ter feito uma laparotomia exploratória (decisão tomada usualmente em presença de um abdome agudo de causa a esclarecer). O doutor Pinheiro Rocha afirmou ter encontrado o divertículo de Meckel com ulcerações e em vias de rompimento, o que poderia estabelecer uma peritonite generalizada.

O divertículo de Meckel é uma pequena bolsa oca, presente em apenas 2% das pessoas e situado no intestino, perto da válvula ileocecal. A inflamação e sua consequente perfuração podem surgir em qualquer idade e na fase aguda muitas vezes acabam simulando uma apendicite aguda. De qualquer forma, após a cirurgia exploradora e a consequente resolução do problema, não devem mais existir dúvidas a respeito. A não ser que a equipe médica esteja ainda esperando o resultado anatomopatológico da peça retirada durante o ato operatório, para o diagnóstico definitivo.

Se a cirurgia foi uma simples intervenção, porém urgente, não haveria maiores razões para o paciente permanecer no centro de recuperação pós-operatória, pelo menos até ontem à noite. Normalmente ele já estaria em seu quarto e na tranquilidade do apoio familiar após a recuperação anestésica. Ou, então, o problema foi distinto daquele divulgado oficialmente, tendo-se verificado ou uma perfuração intestinal que resultou em um grave quadro de peritonite, ou foi mais grave ainda, sendo até viável a hipótese de um tumor que poderia eventualmente ter produzido uma oclusão intestinal, cuja solução tem que ser resolvida cirurgicamente e também em situação de urgência.

De qualquer forma, quaisquer que tenham sido as causas determinantes da intervenção de urgência no presidente, o diagnóstico definitivo e as perspectivas de uma recuperação mais ou menos rápida somente poderão ser avaliados nestas próximas 24 horas.

Folha de S.Paulo, 16.3.1985

Medidas de emergência visam a evitar uma parada cardíaca

É possível que o aumento súbito da frequência cardíaca do presidente eleito Tancredo Neves tenha sido causado por uma arritmia denominada fibrilação atrial. Mas, igualmente, pode ter sido uma taquicardia paroxística supraventricular, já que apresentou frequência cardíaca de início súbito e acima de 160 batimentos por minuto.

As medidas iniciais visam a levar os batimentos cardíacos a níveis razoavelmente próximos dos normais e constam da aplicação de medicamentos (na fibrilação) ou de medicamentos e de massagem na parede lateral do pescoço (seio carotídeo) e compressão do globo ocular, no caso de taquicardia paroxística.

Quando essas manobras são ineficazes, nos dois casos, é aplicada a cardioversão elétrica, um tratamento à base de pequenos choques elétricos, que vão sendo gradativamente aumentados, sobre o tórax do paciente. Essas medidas são consideradas de emergência, uma vez que a manutenção de uma alta frequência cardíaca, com arritmia, pode levar a uma insuficiência circulatória ou mesmo a parada cardíaca.

Folha de S.Paulo, *16.3.1985*

Evolução depende da resistência física do paciente

As informações de um processo pulmonar surgido ontem em Tancredo Neves não devem causar, até o momento, maiores preocupações.

Pacientes submetidos a uma cirurgia em que o repouso é exigido por mais de 48 horas podem apresentar, ao exame clínico dos pulmões, estertores, nessa situação geralmente consequentes a uma estase pulmonar. A evolução desse quadro para uma pneumonia pode eventualmente ocorrer, mas referências às radiografias de tórax realizadas ontem afastaram o problema e tranquilizam quanto ao estado do paciente, que é de normalidade, segundo o cirurgião Pinheiro Rocha.

Na realidade, esse aspecto da evolução pós-operatória depende muito da resistência física do paciente e apenas o seguimento radiológico indicará, ou não, uma pneumonia. Segundo o doutor Pinheiro Rocha, Tancredo estava sentado, conversando, de excelente humor e não apresentava nenhuma alteração.

Dessa forma, pode-se concluir que o paciente está evoluindo bem e respirando normalmente. E o fato de estar sentado só poderá vir em seu benefício, pois permite uma melhor expansão dos pulmões, muito importante nessa fase de recuperação da cirurgia.

Após a maratona cívica intensamente vivida por Tancredo Neves, em termos de resistência física nada pior poderia ter-lhe acontecido do que submeter-se a uma cirurgia. Mas o vigor físico que poucas pessoas aos 75 anos de idade podem apresentar, como ficou demonstrado durante a sua campanha, permite esperar que ultrapassará com tranquilidade mais esse percalço.

Folha de S.Paulo, 18.3.1985

Uma complicação frequente no pós-operatório

O desencontro das informações sobre o estado de saúde do presidente Tancredo Neves finalmente terminou. A junta médica considerou ontem que seu estado geral é bom e que os problemas decorrem de alterações nos movimentos intestinais. Essa é uma complicação pós-operatória frequentemente observada no tipo de cirurgia.

Após intervenções nos intestinos, um período de atividade propulsiva desorganizada, denominada íleo, pode ocorrer. Na realidade, os especialistas consideram como uma sequela normal o íleo adinâmico (ou paralítico). Geralmente tem pequena duração, a não ser que surjam complicações, como uma peritonite, entre outras várias causas.

Nessa situação acumulam-se líquidos e gases nos intestinos, causando distensão do abdome e às vezes vômitos. O prolongamento do íleo pós-operatório por mais de três ou quatro dias, juntamente com os eventuais episódios de vômito, pode levar o paciente a um desequilíbrio eletrolítico, pela perda de importantes elementos, como sódio, potássio, cálcio e cloro. Nesses casos, é feita a correção da perda dos elementos eletrolíticos e introduzida uma sonda nasogástrica (um pequeno tubo que entra pelo nariz, chegando até o estômago do paciente para facilitar a saída de líquidos lá existentes).

A essas medidas, e na ausência de obstrução, são empregados medicamentos estimulantes da atividade intestinal (peristaltismo). Quando surgem os primeiros movimentos peristálticos, poderá seguir-lhes a eliminação repetida de gases ou fezes, indicando que foi restabelecida a função intestinal normal.

Os especialistas consideram uma das suas maiores dificuldades responder à questão de por quanto tempo devem esperar o retorno da função intestinal normal antes de recomendar uma reoperação.

Folha de S.Paulo, 20.3.1985

Cirurgia com anestesia geral

Mais uma vez a conhecida caixa de segredos que é o abdome desmente as desencontradas informações sobre o delicado estado de saúde do presidente Tancredo Neves.

Poucos momentos antes de Tancredo Neves ser encaminhado à sala de cirurgia, onde foi reoperado, seu secretário particular, Aécio Cunha Neves, afirmava que seu estado era bom e que a situação estava sob controle. Não estava.

Um dos últimos boletins oficiais de ontem afirmava que, depois de esgotados os recursos clínicos, a junta médica recomendou a cirurgia, tendo sido encontradas aderências que se formaram após a primeira operação e que nesta segunda cirurgia foram removidas cirurgicamente. Não foi bem assim.

Segundo informações da *Folha*, a primeira intervenção foi devida a um leiomioma, um tumor dos intestinos. E a segunda foi motivada por uma trombose da mesentérica e a cirurgia terminou com uma jejunostomia.

O leiomioma é um tumor benigno cuja sede mais frequente é o intestino delgado, particularmente a região do íleo. Geralmente são únicos, predominando os intraluminares que acabam por provocar sintomatologia e exigindo intervenção urgente.

Já na segunda operação, a trombose da mesentérica (artéria ou veia), responsável pela irrigação de importante porção dos intestinos, acaba por provocar severos danos na região afetada pela oclusão vascular. E o resultado dessa situação, que tem de ser resolvida com urgência e em uma demorada intervenção, é a retirada do segmento intestinal atingido (ou necrosado).

Após retirada de uma parte do intestino é feita a jejunostomia, que tem por função desviar o trânsito dos excretas da zona afetada (provavelmente o íleo). Essa medida é tomada porque o tecido intestinal operado fica muito friável, com o risco de, se for imediatamente restabelecido o trânsito intestinal normal, ocorrer um rompimento na sutura dos intestinos.

Por isso é escolhida uma parte sadia da área intestinal para fazer o desvio do trânsito; o restante do intestino, o coto distal, fica isolado e sem atividade, ganhando tempo para se recuperar. Somente após algumas semanas, quando muito bem recuperada essa parte, é que ela poderá novamente ser suturada. Mesmo nessas condições, com a jejunostomia, o paciente poderá voltar a ter uma vida normal. O fechamento da abertura artificial, que requer mais uma cirurgia, irá demorar, entretanto, pelo menos trinta dias ou mais.

Folha de S.Paulo, 21.3.1985

Agora, recuperação deve ser bem mais tranquila

Nestas primeiras 24 horas de pós-operatório da reoperação do presidente Tancredo Neves, consideram os médicos que sua evolução é normal. O professor Henrique Walter Pinotti, de São Paulo, um dos cirurgiões da equipe, taxativamente afirmou estar o presidente em plena recuperação.

A recuperação após as duas delicadas intervenções a que se submeteu o presidente com certeza será completa, porém lenta. A primeira cirurgia, sem intercorrências durante a operação, teve um pós-operatório complicado que pode eventualmente ter levado o paciente à exaustão de suas forças.

Normalmente um paciente submetido a uma cirurgia intra-abdominal realmente não passa bem nas primeiras horas. Mas o sofrimento prolongado de poucos dias, acompanhado de alterações no trânsito intestinal, com distensão abdominal, náuseas e vômitos, deve ter provocado alterações metabólicas. É claro que essa situação foi eficientemente contornada, pois tornou possível ao presidente submeter-se à segunda cirurgia.

Nessa segunda etapa, o pós-operatório deverá ser muito mais tranquilo. A causa foi removida, o que possibilitará uma recuperação progressiva.

É possível que esteja sendo nutrido através de alimentação parenteral, uma dieta especial que é ministrada pelas veias. Esses nutrientes são de extrema utilidade para a recuperação do paciente, uma vez que em decorrência da intervenção é possível e provável que deva manter jejum por alguns dias. Na realidade, segundo os especialistas, esse tipo de alimentação empregado em pacientes críticos tem minimizado as complicações e obtido uma maximização em termos de recuperação, reabilitação e qualidade de vida.

As outras medidas, provavelmente tomadas visando à rápida recuperação do presidente, são os exercícios respiratórios, a fim de evitar complicações pulmonares; mobilização no leito, para evitar escaras e outros problemas como uma eventual flebite; e ainda antibióticos, com a finalidade de evitar infecções secundárias.

Com essas medidas, com o problema cirúrgico agora resolvido e principalmente com a resistência física que Tancredo Neves realmente possui, é lícito esperar que o teremos, brevemente, assumindo a Presidência.

Folha de S.Paulo, 22.3.1985

Um prazo maior para a volta

As fotos do presidente Tancredo Neves estampadas ontem em todos os jornais mostravam o rosto de uma pessoa gorda. É possível que esse aspecto tenha sido devido a uma retenção hídrica por excesso de volume ofertado. Essa medida eventualmente poderia ter sido tomada por ele já ter apresentado o sangramento que motivou sua remoção para São Paulo.

Fontes diferentes do Hospital das Clínicas referiram, ontem à tarde, a estada da professora Angelita Habr-Gama, uma das maiores autoridades brasileiras em endoscopia e cirurgia do aparelho digestivo, neste último fim de semana em Brasília. Dessa forma, é possível que já tenha sido detectado um sangramento inicial naquela oportunidade, quando então foram tomadas as primeiras medidas para evitar a continuação do sangramento.

Como as medidas adotadas não foram suficientes, a equipe médica optou pela transferência de Tancredo para São Paulo. O Instituto do Coração do Hospital das Clínicas dispõe de um arsenal sofisticado para qualquer tipo de exame, e não apenas para o coração.

Inicialmente foi feito um mapeamento com radioisótopos. Esse exame teve por finalidade efetuar uma varredura com elementos radiativos para localizar a área desse novo sangramento. Detectada a área, foi feita uma arteriografia seletiva na artéria mesentérica superior (um exame dos vasos com contraste), que mostrou o local do sangramento no intestino.

O tratamento inicial já em São Paulo, com um vasoconstritor (pitressina), teve por finalidade diminuir o diâmetro da artéria mesentérica e de suas ramificações, na tentativa de, com a diminuição do afluxo de sangue ao local da hemorragia, estancar o sangramento. Como essa medida fracassou, a atitude tomada foi a intervenção cirúrgica. Encontrado o ramo da artéria que produzia o sangramento, ela foi pinçada, e a alça intestinal em sofrimento, ressecada. Estava resolvido o problema do sangramento.

Com essa terceira cirurgia em tão pouco tempo e com as complicações apresentadas nos dois pós-operatórios anteriores, é lícito supor que a situação do paciente é grave.

Essa situação decorre não só pelos problemas pulmonares anteriormente apresentados, e agora possivelmente agravados, mas também por problemas decorrentes do próprio sangramento, que eventualmente poderá provocar alterações cardiocirculatórias e metabólicas. É claro, entretanto, que o presidente Tancredo Neves irá recuperar-se. Mas o prazo para assumir a Presidência da República será dilatado. Agora, no mínimo de três a seis meses.

Folha de S.Paulo, 27.3.1985

Problemas na incisão são comuns nessas cirurgias

O aparecimento de infecções por germes resistentes a antibióticos está relacionado com os progressos do tratamento antimicrobiano. A infecção hospitalar indica uma infecção por germes resistentes a antibióticos em pacientes internados por mais de 48 horas. Entretanto, existem procedimentos cirúrgicos em que uma infecção hospitalar pode estar relacionada à cirurgia até no prazo de seis horas.

Uma infecção em uma incisão cirúrgica só poderá ser considerada como hospitalar. As operações podem ser consideradas "limpas" (cirurgias plásticas ou da tireoide, por exemplo), ou "sujas", como no caso de intervenções do intestino grosso, apêndice ou ferimentos por arma branca em vísceras ocas. Neste último caso, o aparecimento de uma infecção hospitalar varia de 20% a 80%, conforme as estatísticas.

Apesar de ainda não confirmadas oficialmente, surgiram informações de que, além da admitida infecção na incisão cirúrgica, foram encontradas, em exames de análise de escarro feitos com material recolhido do presidente eleito Tancredo Neves, bactérias como a *Pseudomona* e um fungo, a *Candida*.

É possível que um paciente submetido a três operações em tão pouco tempo se torne foco de proliferação desses micro--organismos. Entretanto, mesmo que nunca tivesse estado em um hospital, poderia ter igualmente a mesma infecção, porque são condições de baixa defesa que condicionam o surgimento dessas bactérias ou fungos.

Em relação à infecção na incisão cirúrgica, o professor Rudolf U. Hutzler, coordenador da Comissão de Infecção Hospitalar do Hospital das Clínicas, acredita ter havido uma contaminação endógena. Isto é, os germes do próprio intestino do paciente poderiam ter tido acesso à incisão cirúrgica e provocado a infecção. Na realidade, esse problema não apresenta em geral periculosidade. Quando muito, poderá eventualmente provocar problemas locais, como deiscência (abertura dos pontos do abdome), ocasionalmente levando a uma eventração (saliência na parede abdominal). Mas não risco de vida.

O problema sério, se realmente surgir, segundo o professor Hutzler, será a infecção respiratória por germes resistentes. Essa situação poderá levar a uma infecção pulmonar, que em um paciente debilitado é muito grave e traz consigo risco de vida.

Folha de S.Paulo, 28.3.1985

O maior problema ainda é o processo infeccioso

Na maratona cirúrgica que o presidente eleito Tancredo Neves vem enfrentando desde o dia 15 de março, o obstáculo mais fácil de ser vencido foi o de ontem.

Essa quarta operação, agora para a correção de uma hérnia inguinal encarcerada do lado esquerdo do abdome, foi a menos agressiva para o paciente. Praticamente, é uma intervenção superficial, em que é reforçada a parede muscular do abdome para evitar recidivas. E a anestesia empregada, a peridural, é a que usualmente menos transtornos causa no pós-operatório dos pacientes.

O único problema que esse tipo de anestesia pode eventualmente provocar é uma queda na pressão arterial enquanto persistirem os efeitos do anestésico, a xilocaína. A anestesia peridural é um significativo avanço em relação a uma outra anestesia similar, a conhecida raquianestesia.

Através de uma cânula especial, a xilocaína é injetada em determinada altura da medula espinhal e anestesia a região que será operada. A peridural permite ainda manter a anestesia (com o paciente em plena consciência) pelo tempo que for necessário, já que pela cânula pode ser permanentemente introduzida a droga, o que não ocorre no caso da raquianestesia.

A região inguinal é a área que limita e comunica a cavidade abdominal com a extremidade inferior e os órgãos genitais.

Sua aparência externa é a de uma formação arredondada ou transversalmente alongada, aumentando de tamanho na posição em pé, com a tosse ou outro esforço.

No caso de Tancredo, é possível que tenha sido outro esforço, já que seu aparelho respiratório está sob controle e não há referência a episódios de tosse. Esse outro esforço eventualmente poderia ter sido um aumento da pressão abdominal, por distensão de uma alça do intestino grosso (essa distensão repetitiva eventualmente poderia ter provocado anteriormente problemas que levaram às duas últimas cirurgias). Com isso, a alça intestinal teria sido empurrada para dentro do canal inguinal, seguida do seu medicamento.

Como o problema parece ter surgido apenas na tarde de ontem (é claro que a hérnia já existia, o que ocorreu foi o seu encarceramento, que exige solução imediata), o comunicado oficial relata que a alça estava preservada, isto é, estava em boas condições. Provavelmente também encontraram no local um abscesso, resolvendo com isso o problema da febre intermitente do presidente. Assim, o problema tornou-se de resolução mais simples, tendo a operação resolvido o problema da hérnia. E, dessa vez, definitivamente, já que a hérnia do outro lado foi operada há cerca de trinta anos.

O problema mais sério que persiste não tem nada que ver com a cirurgia de ontem. Ainda é, segundo comentários, a cicatriz cirúrgica da parede abdominal das cirurgias anteriores. A sutura da parede externa do abdome parece apresentar problemas de infecção que os antibióticos não estão até o momento contornando.

Segundo consta, até açúcar tem sido colocado nessa área, visando a acabar com a infecção. A colocação de açúcar em feridas cirúrgicas contaminadas não é novidade em nosso meio médico e existem referências de pleno sucesso com o seu emprego, em particular quando do surgimento de resistência aos antibióticos.

Folha de S.Paulo, *3.4.1985*

Urgência, razão do difícil pós-operatório

No encadeamento das surpresas provocadas por complicações de um pós-operatório de cirurgia intra-abdominal, a hérnia inguinal estrangulada foi a maior de todas.

Na realidade, é possível e até provável que, se a primeira intervenção no presidente eleito Tancredo Neves não tivesse tido o caráter de urgência, as complicações não teriam surgido. Os doentes que devem ser submetidos a uma operação normalmente internam-se no hospital com a antecedência necessária para os exames preliminares e para um preparo adequado, particularmente os de idade média ou avançada.

Nas operações dos intestinos, constitui requisito prévio que ele esteja mecanicamente limpo. Muitos cirurgiões optam por uma supressão bacteriana ou esterilização bacteriana do cólon, a fim de prevenir eventuais formações de abscessos ou de infecção na linha da sutura abdominal. Essas medidas têm por finalidade prevenir as possíveis complicações pós-operatórias.

O presidente eleito Tancredo Neves submeteu-se à primeira cirurgia, para extração de um leiomioma (tumor benigno dos intestinos), em situação de extrema urgência. É claro que se não fosse a extrema urgência teria tomado posse da Presidência e se licenciado em seguida, para submeter-se tranquilamente à operação. Dessa forma, é possível que em uma situação de emergência o preparo de um paciente para cirurgia intra-abdominal possa dar margem ao surgimento de complicações no período pós-operatório.

Uma sequela normal de toda operação intra-abdominal é o íleo adinâmico, um período de atividade propulsiva desorganizada nos intestinos, que é de curta duração, a não ser quando surge alguma complicação. Entre as várias causas possíveis de complicar um pós-operatório estão as infecções retroperitoniais. Nessa situação, surge o íleo paralítico e se acumulam líquidos e gases nos intestinos, provocando distensão abdominal. Nesse caso, além de problemas no equilíbrio hidroeletrolítico do paciente, o trânsito do conteúdo intestinal está gravemente alterado.

É possível que nessa fase tivesse tido início o período de complicações que levaram à segunda cirurgia do presidente Tancredo Neves. Com a intensa distensão abdominal provocada pelas alças intestinais dilatadas, poderia ter ocorrido tanto uma estrangulação do intestino quanto uma oclusão vascular e, qualquer que tenha sido a situação, a segunda cirurgia resolveu o problema. E resolveu, também, o problema da deiscência (abertura espontânea) da cicatriz cirúrgica no lado direito da parede abdominal, provavelmente ajudada pela tensão ou esforço excessivo a que foi submetida pela distensão abdominal e pelos acessos de tosse que surgiram nessa fase.

Uma hemorragia no pós-operatório de cirurgia intestinal também é uma das possíveis causas de produção de um íleo adinâmico. A hemorragia detectada na boca anastomótica da sutura intestinal foi a causa da terceira cirurgia de Tancredo Neves. E é possível que essa nova manipulação da área intestinal, pela mesma incisão do lado direito, tenha mantido um peristaltismo inadequado dos intestinos, possivelmente levando a mais uma distensão abdominal.

As alças intestinais novamente teriam ficado dilatadas. Mas agora o presidente eleito estava usando um colete especial, para evitar a dilatação da parede abdominal. As alças intestinais, não podendo se distender para a frente (pelo colete abdominal externo) ou para cima (cerceadas pelo diafragma), provavelmente teriam se expandido para a região inferior do abdome.

Uma das alças reencontrou um pequeno corredor por onde muitas vezes se introduzira anteriormente. Era o caminho da hérnia inguinal, no lado esquerdo. Só que dessa vez não pôde voltar por manobras manuais. Havia se formado a hérnia inguinal encarcerada. Surgiu então a necessidade da quarta cirurgia. Com esse último problema resolvido, é possível e até muito provável que a única questão agora seja de paciência. Paciência para uma recuperação clínica lenta, porém efetiva e definitiva.

Folha de S.Paulo, 4.4.1985

Drenagem dos abscessos devia estar prevista

A drenagem dos abscessos realizada ontem pela equipe médica que atende o presidente Tancredo Neves possivelmente já estaria programada desde anteontem.

Durante a operação para a correção da hérnia inguinal encarcerada, anteontem, foi referido o encontro de pequena quantidade de material exsudativo. Como a alça intestinal que deu origem ao problema estava preservada, possivelmente a origem desse líquido estaria em outro lugar do abdome. O material exsudativo teria chegado à região inguinal pela força da gravidade e, para que isso ocorresse, bastaria que o paciente tivesse estado em posição ereta, mesmo por pouco tempo, no dia anterior ao da cirurgia.

Dessa forma, o material exsudativo eventualmente teria traduzido a existência de coleções purulentas localizadas dentro da cavidade abdominal e que necessitam de limpeza e drenagem. E foi exatamente essa a intervenção realizada ontem no presidente Tancredo Neves.

Segundo o comunicado oficial, foram drenados dois focos abdominais (um intraperitonial e outro retroperitonial). Como esses focos infecciosos estavam localizados em pontos diferentes, eventualmente podem sugerir que outros possam também surgir na cavidade abdominal. Essa situação pode levar a uma bacteriemia (presença de bactérias no sangue), o que explicaria mais ainda os surtos febris.

Nessa situação extremamente crítica, o paciente eventualmente poderá ser conduzido a um grave quadro de toxemia pela extensa distribuição do material infeccioso pela corrente sanguínea (septicemia). Dentro desse quadro desolador de complicações, surge também a possibilidade da ocorrência de uma coagulação intravascular disseminada. Essa situação retrata uma alteração na coagulação sanguínea, presente em pacientes bem graves, e, entre várias causas, pode ser provocada por toxemia causada por bactérias gram-negativas.

O quadro respiratório do presidente Tancredo Neves apresentava alterações desde a manhã de ontem. Eram devidas a um quadro de infiltração intersticial, possivelmente relacionadas com a presença de líquido seroso no tecido pulmonar. Essa situação deve ter provocado dificuldade respiratória. É provável que tenham aproveitado a oportunidade da drenagem dos abscessos para efetuar a entubação traqueal.

Com isso, a intervenção foi feita sob anestesia geral. Mas na realidade o que possivelmente se procurou foi melhorar a função pulmonar do paciente, uma vez que o tubo traqueal é ligado a um aparelho que proporciona ventilação e expansão adequadas dos pulmões. Esta talvez seja a razão de, terminada a intervenção, o paciente continuar respirando com a ajuda de um aparelho de ventilação controlada.

Folha de S.Paulo, 5.4.1985

Bacteriemia e falta de esterilização

A bacteriemia é a presença de bactérias no sangue circulante, provenientes de um foco infeccioso. Em outras situações, menos graves que a do presidente eleito Tancredo Neves, poderia significar um episódio frustro de um soro contaminado, ou mesmo de um equipo não bem esterilizado.

Nos casos de alta gravidade, entretanto, um surto de bacteriemia sugere claramente a passagem de bactérias de um foco infeccioso ao sangue. A permanência desse processo, apesar das medidas usuais de controle, indica uma incapacidade dos mecanismos de defesa natural do organismo para resolver ou contornar essa situação. E, principalmente, indica um estado clínico grave.

A septicemia envolve um transtorno resultante da ruptura das barreiras de defesa do organismo, tornando possível a difusão da infecção ou uma absorção de substâncias tóxicas produzidas pelas bactérias. A septicemia muitas vezes se manifesta como uma bacteriemia pela extensa distribuição do material infeccioso através da corrente sanguínea.

Folha de S.Paulo, 11.4.1985

Extrema urgência para localizar foco infeccioso

A cirurgia de extrema urgência realizada no presidente eleito Tancredo Neves para exploração da cavidade abdominal teve por finalidade efetuar uma limpeza nessa área.

Esse tipo de intervenção cirúrgica é realizado quando existem focos infecciosos localizados e quando o tratamento antimicrobiano, ineficaz, leva a um estado de infecção generalizada, a conhecida septicemia.

Outra possibilidade sobre a causa dessa sétima intervenção, também para limpeza da área, poderia ainda ser um quadro de peritonite. Essa peritonite – uma inflamação na membrana serosa que reveste a cavidade interna do abdome – poderia ter ocorrido por vazamento de líquido entérico (suco jejunal) devido a um afundamento da sonda da jejunostomia.

Essa situação resulta em um quadro grave de abdome agudo, com grande número de glóbulos brancos, ao redor de 28 mil.

O tratamento consiste em efetuar uma abertura exploratória na cavidade abdominal (laparotomia), com a finalidade de efetuar uma limpeza, lavar com soro o mais possível a área afetada e drenar amplamente. Em alguns casos é até instalada uma lavagem contínua. Ao fim do ato operatório, é efetuada uma ráfia (costura) na jejunostomia, se as condições do paciente permitirem, ou então a jejunostomia é exteriorizada. A finalidade principal da operação, se houve realmente vazamento, é fazer com que o conteúdo líquido jejunal não caia mais na cavidade abdominal.

Toda intervenção cirúrgica é sempre um ato de agressão ao organismo. Operações repetidas em curto espaço de tempo, apesar de realmente necessárias, costumam levar a um estado geral de depauperamento orgânico. Se às intervenções anteriores acrescentarmos a debilidade geral provocada pela toxemia decorrente das infecções pelas mais diferentes bactérias e fungos encontrados, pode-se avaliar essa última cirurgia como de alto risco de vida, pela própria intervenção em si.

Na realidade, o paciente apresenta infecção generalizada (provavelmente septicemia), seus pulmões apresentam graves problemas na função respiratória e já estão sendo observados os primeiros sinais de insuficiência renal.

Lamentavelmente, nessa situação, a atitude médica tem de ser mais uma vez agressiva. É a tentativa de evitar a evolução inexorável para o óbito se nenhuma medida for tomada.

Às 23h50 de ontem, o secretário de imprensa da Presidência da República, Antônio Britto, fez um pronunciamento no Centro de Convenções Rebouças, anexo ao Instituto do Coração. Eis o pronunciamento:

> Nas últimas horas agravou-se o estado de saúde do senhor presidente da República Tancredo Neves. A partir do início da noite de hoje o senhor presidente sofreu novas crises bacteriêmicas acompanhadas de sensíveis alterações de seus níveis de frequência cardíaca, frequência respiratória, temperatura e pressão arterial.

Depois de uma série de exames realizados durante a noite de hoje, a equipe médica que assiste o excelentíssimo senhor presidente da República não teve outra alternativa senão a de decidir realizar uma nova intervenção cirúrgica, que começa a ser efetivada neste momento pelos médicos Walter Pinotti, Angelita Gama, Wilson Polara, Marcel Machado e pelo anestesista professor Rui Gomide.

Essa cirurgia será feita para a exploração e a limpeza da cavidade abdominal, já que nas últimas horas todos os exames e indicadores registraram um agravamento do processo infeccioso e em consequência um agravamento do estado de saúde do senhor presidente da República.

Tão logo haja novas informações sobre o andamento da cirurgia e o estado de saúde do senhor presidente da República, nós traremos ao conhecimento dos senhores e da opinião pública.

À 1h25, o jornalista Antônio Britto, assessor de imprensa da Presidência da República, falou aos jornalistas na sala de imprensa sobre o andamento da cirurgia a que estava sendo submetido Tancredo Neves. Foram as seguintes as informações de Britto:

> Gostaria de transmitir algumas informações sobre a cirurgia que está se realizando neste momento no Instituto do Coração, à qual é submetido o excelentíssimo senhor presidente Tancredo Neves. Os médicos pediram que transmitisse o seguinte:
> O senhor presidente deu entrada no centro cirúrgico às 11h55 de ontem. Foi submetido a uma anestesia geral que foi tolerada muito bem pelo presidente. Os médicos estão fazendo a cirurgia através

da mesma incisão, com a mesma incisão das três primeiras cirurgias. Esse trabalho já se completou e agora os médicos iniciam o trabalho de exploração da cavidade abdominal, realizando um minucioso exame da situação no abdome. Os médicos solicitaram ainda que transmitisse aos senhores e à opinião pública que o presidente passa bem. O presidente tolera bem a cirurgia. Essa cirurgia, pelas características de que se reveste, terá uma duração longa. Tão logo tenha novas informações, trarei aqui aos senhores e à opinião pública. Muito obrigado.

Folha de S.Paulo, 12.4.1985

Tela de plástico fecha o abdome após a operação

A tela de material plástico (polipropileno) colocada ontem no presidente eleito Tancredo Neves teve por finalidade fechar a cavidade abdominal, já que não era possível suturar as bordas da incisão. Essa verdadeira placa de contenção constitui-se de um tecido de malhas finas, branco e leve, semelhante à meia de náilon que as mulheres usam (e que em situações de emergência tem sido usada com a mesma finalidade, depois de esterilizadas).

A tela do tipo Marlex empregada tem por objetivo impedir a saída das alças intestinais para o exterior, uma vez que a incisão cirúrgica da parede abdominal não foi fechada. A tela torna ainda possível a manutenção de um sistema de irrigação, lavagem e drenagem contínuos no peritônio inflamado (peritonite) e dos abscessos localizados.

Essa tela de plástico de fabricação norte-americana custa ao redor de 1 milhão de cruzeiros. Ela pode permanecer definitivamente no paciente, já que não provoca reações de rejeição. Depois de certo tempo, forma-se um tecido de granulação em cima da tela, acabando por fechar a abertura abdominal deixada. É a denominada cicatrização por segunda intenção, espontânea e lenta, que se produz sem ajuda de uma sutura.

A colocação da placa de Marlex em Tancredo foi uma medida alternativa visando a obter uma evolução favorável na resolução do problema disseminado na cavidade abdominal. As opções anteriormente empregadas para resolução do problema, entre elas a drenagem, mostraram-se ineficazes. Na realidade, em que pesem os riscos enfrentados por mais essa cirurgia, a intervenção era realmente necessária e sem essa atitude a evolução para o óbito seria inexorável.

Folha de S.Paulo, 13.4.1985

Infecção evolui; não há chances de recuperação

A maratona do presidente eleito Tancredo Neves está terminando. Em outro paciente sob as mesmas adversas condições, provavelmente teria terminado muito tempo antes.

A favor de Tancredo Neves deve-se creditar uma extraordinária resistência física às agressões cirúrgicas (infelizmente necessárias) que teve de enfrentar e uma evolução extremamente difícil e complicada dos seus vários pós-operatórios.

Por outro lado, por necessitar do suporte de uma alta tecnologia médica, foi transferido para o Instituto do Coração do Hospital das Clínicas. Na realidade, pode-se estabelecer que nenhum outro hospital do país poderia ter posto à sua disposição o equipamento empregado para os mais diferentes problemas médicos surgidos, nem teria à sua disposição equipes médica e paramédica tão qualificadas e preparadas para enfrentar as situações críticas surgidas nestes longos dias.

Ontem, um dos boletins médicos informava do agravamento do estado geral do presidente eleito Tancredo Neves. Havia surgido novo surto febril, apesar de todas as medidas terapêuticas, ficando evidenciado um retrocesso no quadro radiológico pulmonar e um acentuado comprometimento dos níveis de oxigenação.

O boletim informava ainda do uso do rim artificial, para a hemodiálise, e da respiração mecânica através de aparelhos na tentativa de melhorar a função pulmonar. Igualmente, antibióticos continuavam a ser aplicados, para combater a infecção.

Em um paciente em estado extremamente grave, portador de focos infecciosos, se esses focos forem passíveis de indicação para intervenção, ela não deve ser evitada, segundo os especialistas. Isso explica por que o presidente eleito foi submetido a tantas cirurgias. A permanência da infecção, disseminada apesar do uso de antibióticos e das operações, no entanto, pode levar a um colapso. Como o fator principal causador não conseguiu ser removido, a evolução, segundo os especialistas, é inexorável.

Folha de S.Paulo, 15.4.1985

Hipotermia, uma arma para prolongar a vida

Pacientes em situação crítica podem obter vantagem com o esfriamento de seu corpo. Quando diminui a temperatura corporal, também diminuem as necessidades de oxigênio e de nutrientes vitais para o organismo.

O esfriamento corporal (hipotermia) pode ser obtido através de medicamentos. É o denominado método químico e, no caso de Tancredo, está sendo aplicada uma solução de soro contendo Amplictil, Dolantina e Fenergan. Introduzidas gota a gota, essas drogas apresentam intensa potencialização na sua atividade, provocando alterações no centro termorregulador do organismo.

Para produzir hipotermia existe ainda o método mecânico, feito através do emprego de colchões de gelo, compressas de água fria ou ainda da aplicação de álcool sobre o corpo.

Folha de S.Paulo, 16.4.1985

Um processo doloroso na fase aguda

Quando um paciente precisa ser operado de abdome agudo, o peso de sua decisão, mesmo para um presidente, não tem muita força. Um paciente nessa situação de emergência geralmente está prostrado por dores intensas e constantes.

Essa situação de alto risco de vida explicaria por que Tancredo Neves foi operado apenas algumas horas antes da sua posse na Presidência da República.

O sofrimento agudo por certo foi contornado imediatamente após a sua internação com o emprego de analgésicos. Nos primeiros dias desse primeiro pós-operatório, deve ter evoluído bem, sem dores. Mesmo que as tivesse tido, analgésicos não muito potentes facilmente resolveriam o incômodo.

Entretanto, seis dias depois, apresentou o episódio agudo de obstrução intestinal (oficialmente) ou a trombose mesentérica; qualquer que fosse a situação, ambas críticas e dolorosas. Outros seis dias, e uma hemorragia intestinal obrigou a nova cirurgia. Dessa vez, não deve ter sentido dores, mas muita fraqueza.

Da mesma forma, nas cirurgias que se seguiram, até a sétima e última, do dia 11, a dor já não era mais a preocupação principal. Com certeza sedado, seu sofrimento era evitado por medicamentos. Da mesma forma que agora, nesta derradeira fase de extrema gravidade, os medicamentos não o deixam sofrer.

Folha de S.Paulo, 17.4.1985

Os limites da terapia intensiva

O impacto provocado pelo professor Henrique Walter Pinotti ao ler ontem o relatório analisando a evolução médica do presidente eleito Tancredo Neves provocou reações contraditórias. Apesar de ser esperada a informação de que o prognóstico estava fechado, isto é, a situação já poderia ser considerada irreversível, o professor Pinotti lançou novas esperanças ao afirmar que o paciente "ainda apresenta perspectivas de cura".

Momentos antes dessa afirmação, entretanto, de todo o relatório que lia pausadamente, trocou a frase "o senhor presidente resiste" por "o senhor presidente persiste vivo". Essa sutil diferença sugere existirem ainda esperanças, da parte do professor Pinotti, na sobrevivência de Tancredo Neves frente às repetidas infecções apresentadas e às suas graves consequências.

Apesar de a situação do paciente sugerir uma evolução praticamente inexorável, apesar dos extraordinários esforços empregados para contorná-la, o professor Pinotti afirmou que não existem indícios de lesões irreversíveis em quaisquer órgãos e que se busca a difícil, mas sempre possível, recuperação do paciente.

Por outro lado, fez uma referência, oficialmente pela primeira vez, de que Tancredo Neves apresentava "uma infecção no organismo em um período certamente anterior à primeira intervenção cirúrgica". Mas o paciente apresentou também dois abscessos abdominais drenados em 4 de abril, e ainda outros três focos infecciosos, aparentemente resolvidos na cirurgia de 11 de abril.

Os repetidos surtos de bacteriemia permitem a suposição de que os focos infecciosos foram substituídos por outros. Foi aceito, oficialmente, que o episódio hemorrágico contribuiu para debilitar o organismo de Tancredo Neves. Nessas condições, com um organismo debilitado e focos infecciosos sempre presentes, é lícito supor um aumento progressivo na queda do estado geral do paciente. A consequência é o "pulmão de choque", ocorrência frequente nesses casos, além da necessidade do emprego do rim artificial.

A função renal, na realidade, poderá ser substituída por longo tempo pelo rim artificial. O respirador artificial também. Entretanto, eventualmente poderá surgir uma arritmia cardíaca e dificuldade na oxigenação cerebral. Nessas condições, não existe unidade de terapia intensiva, em qualquer parte do mundo, que consiga o milagre da sobrevivência que todos nós desejamos.

Folha de S.Paulo, *18.4.1985*

As dificuldades de um quadro extremo

A situação extremamente grave do presidente eleito Tancredo Neves confirma mais uma vez a impossibilidade, por maiores que sejam as esperanças, de determinar com segurança como será a evolução de um paciente crítico.

A imprevisibilidade das reações orgânicas, nesses casos, não segue um padrão usual de comportamento. Poderá estabilizar durante algumas horas, e o fato de não piorar poderia ser considerado até como uma eventual fase de início de recupeção. Ou poderá, em apenas alguns minutos, como se estivesse dormindo, entrar em colapso definitivo.

Os primeiros sinais de uma sensível queda no estado geral foram indicados pela nova bacteriemia que Tancredo Neves apresentou ontem. Essa situação sugere que a infecção não está realmente sob controle, apesar de todas as medidas heroicas adotadas.

O "servo-ventilator", um respirador artificial para ventilação pulmonar assistida extremamente versátil e completo, parece igualmente não estar conseguindo satisfazer as necessidades respiratórias do paciente. Houve necessidade de introduzir oxigênio puro, quando usualmente é empregada uma mistura de oxigênio com outros gases. Mesmo nessa concentração de praticamente 100% de oxigênio, a pressão parcial do oxigênio no sangue arterial era muito baixa, indicando uma baixa saturação de oxigênio no sangue arterial.

Essa situação eventualmente poderá levar a uma insuficiência de oxigênio nos tecidos (hipóxia) e, consequentemente, a um quadro extremamente grave. Grave o suficiente para produzir alterações no sistema nervoso central, sistema cardiovascular e no próprio sistema respiratório.

Dentro desse quadro desolador, o próprio oxigênio poderá também produzir danos. Sabe-se que pessoas respirando a 100% por longos períodos podem apresentar sintomas tóxicos. Em média, eles aparecem após cinco a trinta horas de inalação.

Folha de S.Paulo, 19.4.1985

Médicos não se acomodam e tentam todos os recursos

As recentes medidas adotadas pela equipe médica do presidente eleito Tancredo Neves indicam que os médicos não estão se acomodando ao quadro extremamente grave que o paciente vem apresentando nestes últimos dias. Continuam, com ânimo e esperança, empregando todos os esforços e recursos disponíveis para a recuperação de Tancredo.

A sobrevivência de Tancredo Neves baseia-se, no momento, no tripé de medidas constituídas pela assistência respiratória, pela hipotermia e pela manutenção de uma atividade cardíaca adequada. Essas medidas visam a dar suporte à agressão proporcionada pelo quadro infeccioso bastante sério e que tem se mostrado de difícil controle até o momento, segundo um dos últimos boletins médicos.

O médico Warren M. Zapol, dos Estados Unidos, nos últimos anos vem estudando a forma de contornar problemas pulmonares em situações de severa e aguda deficiência respiratória, que é um dos graves problemas de Tancredo. O especialista, que se juntou ontem à equipe médica do presidente eleito, afirma em um dos seus trabalhos que os avanços da assistência respiratória, incluindo a ventilação mecânica com pressão positiva expiratória final (*peep*), que melhora a ventilação pulmonar, têm revertido a hipoxemia (insuficiência de oxigenação nos tecidos, decorrente de queda do conteúdo desse gás no sangue) e vêm permitindo aumentar o tempo de sobrevida de pacientes com insuficiência respiratória aguda.

Dessa forma, é muito raro, com esse suporte, pacientes falecerem em decorrência da hipóxia, situação que pode levar a graves e irreversíveis danos em órgãos nobres como o cérebro e o coração.

O doutor Zapol considerou conveniente também acentuar um pouco mais o nível de hipotermia, isto é, baixar ainda mais a temperatura corporal do paciente. Iniciada com a temperatura de 35,5 graus centígrados (a temperatura média normal é de cerca de 36), baixou seguidamente para 35 graus, depois 34 e, segundo as últimas informações, para 31.

O emprego da hipotermia em medicina não é novo. Há mais de trinta anos já era usada em cirurgia cardíaca, antes do avanço proporcionado pelo coração-pulmão artificial; em algumas situações especiais de cirurgia cardíaca, eventualmente ainda hoje é empregada, particularmente em crianças de baixo peso corporal.

O problema da hipotermia é o seu limite de trinta graus centígrados. Abaixo dessa faixa pode surgir o risco de uma fibrilação ventricular, um batimento anormal do coração, que em um paciente em hipotermia pode tornar-se irreversível.

Na realidade, a grande ajuda prestada pela hipotermia é a redução das necessidades de oxigênio pelo organismo, não o combate à infecção. Juntamente com a ajuda na melhora da ventilação pulmonar proporcionada pelo emprego da pressão positiva expiratória final do respirador artificial, a grave situação do momento eventualmente poderá ser contornada.

Os médicos estão reservando como derradeiro recurso o emprego de uma espécie de pulmão artificial, o denominado oxigenador de membrana. Essa máquina em seu interior interpõe uma membrana entre o meio gasoso e o sangue, da mesma forma que a membrana pulmonar, permitindo a saída de gás carbônico e a entrada de oxigênio no sangue circulante.

Folha de S.Paulo, 21.4.1985

Causa do óbito foi debilitação pulmonar

A causa básica que desencadeou o óbito do presidente eleito Tancredo Neves foi uma significativa redução da função pulmonar. Essa grave situação trouxe uma intensa diminuição de oxigênio no sangue arterial, resultando na alteração do comportamento da atividade cardíaca.

A diminuição do oxigênio no sangue tentou ser resolvida com o emprego do *peep* (pressão positiva expiratória final), que tem por finalidade melhorar a ventilação pulmonar e reverter a níveis próximos dos normais a pressão parcial de oxigênio no sangue. Essa medida, entretanto, pode eventualmente provocar repercussões negativas no trabalho cardíaco.

Esta foi possivelmente a razão de ter sido introduzida a hipotermia (temperatura corporal abaixo do normal), que reduz as necessidades de oxigênio pelo organismo, permitindo melhorar a atividade cardíaca. Dessa forma, ficou estabelecida uma importante relação entre a deficiente função de transporte de oxigênio no sangue e a atividade do coração e dos pulmões.

Apesar de todas as medidas tomadas, não houve melhora na oxigenação do sangue arterial. As necessidades de oxigênio em um paciente em estado crítico estão intensamente aumentadas. E essa insuficiente oxigenação, confirmada pela hipóxia (oxigenação deficiente dos tecidos), levou a graves alterações metabólicas. Essa situação foi uma das graves consequências de uma infecção não controlável.

Lentamente se iniciava uma severa falência na atividade cardíaca. Agentes medicamentosos que poderiam melhorar a atividade cardiocirculatória mostraram-se ineficazes. No fim da tarde, às 18 horas, a pressão arterial de 9 de máxima (pressão sistólica) por 4 de mínima (pressão diastólica) era o prenúncio da falência cardíaca definitiva, confirmada às 22h23.

Folha de S.Paulo, 22.4.1985

Sedação impediu dor nos últimos dias

As informações do anestesista Ruy Vaz Gomide do Amaral sobre os últimos momentos do presidente eleito Tancredo Neves indicam não ter havido sofrimento em seus últimos dias de vida.

Após a derradeira cirurgia à qual foi submetido, Tancredo Neves voltou a níveis normais de consciência. Apenas na última semana, através de medicamentos, foi levado a um nível de inconsciência, um estado em que as pessoas não apresentam reações. Nessa mesma fase, igualmente graças aos medicamentos, também não sentiu dor. A sedação proporcionada ao paciente esteve compatível com o nível de tolerância de seu organismo e com seu estado geral.

O estado de inconsciência foi obtido com uma associação de drogas dissolvidas em um frasco de soro, gotejando gota a gota na veia. As drogas (possivelmente uma associação de Amplictil, Fenergan e Dolantina), quando suspensas, revertiam o paciente para um nível superficial de consciência, porém não muito bem acordado. Provavelmente um pouco obnubilado, mas o suficiente para permitir os necessários exames neurológicos.

Foram esses exames neurológicos que permitiram ao professor Henrique Walter Pinotti afirmar, em seu conhecido relatório, não existirem, até o momento em que falava frente às câmeras de televisão, sinais de lesão cerebral no paciente.

Folha de S.Paulo, 18.5.1985

Jornalismo científico

Pioneirismo e pensamento de Julio Abramczyk
Célio da Cunha

Escrever sobre a trajetória de meio século de Julio Abramczyk no campo do jornalismo científico não constitui tarefa fácil. Do ano de 1959, quando ele foi para a *Folha*, aos nossos dias, muitas mudanças aconteceram no Brasil e no mundo.

Ele as testemunhou e, no campo das ciências médicas, divulgou-as ao grande público com impressionante regularidade e coerência. São cinco decênios de lutas em prol do jornalismo científico.

Nesse longo percurso, com serenidade e persistência, construiu e consolidou uma identidade própria, sem precipitação e com serena altivez, pois, como observou Hobsbawm, "nada é pior para uma carreira do que chegar no topo cedo demais".[1]

Talvez, para se compreender o sentido e o alcance de suas ideias e de seu pensamento, seja oportuno lembrar que, há mais de cem anos, Manoel Bomfim, um grande pensador brasileiro da educação e da ciência, dizia que a ciência não deveria ser um adorno de doutores, mas um recurso para todos na luta contra as dificuldades da vida.[2]

---

1 Hobsbawm, Eric. *Tempos interessantes*. São Paulo: Companhia das Letras, 2002, p. 258.
2 Bomfim, Manoel. *A América Latina: males de origem*. 2. ed. Rio de Janeiro: Editora A Noite, 1903, p. 440.

Vivendo numa época de transição entre a extrema dependência intelectual e econômica do Brasil e o surgimento de ideias emancipadoras, Bomfim denunciou o abandono da educação popular e da educação científica, conclamando todos para tirar o país da ignorância, revelando pela educação e pela ciência o talento e definindo-se ao mesmo tempo a sua utilidade, porque um cérebro vale pelo uso que dele se faz.[3]

Em que pesem denúncias como a de Manoel Bomfim e tantos outros, entre eles Euclides da Cunha e Rui Barbosa, a educação no Brasil continuou como um assunto marginal e pouco relevante. Nesse cenário, o ensino das ciências e a educação científica do povo continuariam também à margem da história educacional brasileira.

Só nos anos 1950, com a criação de instituições como o Conselho Nacional de Desenvolvimento Científico e Tecnológico (CNPq) e a Coordenação de Aperfeiçoamento do Pessoal de Nível Superior (Capes), o governo federal começou a perceber de forma mais organizada a importância da pesquisa e da formação de pesquisadores.

Todavia, por essa época, a ciência era ainda um "adorno para doutores". Foi com o aparecimento de figuras como José Reis, nos anos 1950, e de seu discípulo Julio Abramczyk, nos anos 1960, que a divulgação científica deu os primeiros passos para fazer chegar a um número maior de pessoas o resultado das pesquisas e das investigações e, dessa forma, contribuir para

---

3 Idem, ibidem, p. 441.

a popularização da ciência e, por conseguinte, para a melhoria de vida das pessoas.

Seguindo esse caminho, Abramczyk, há mais de meio século, de forma ininterrupta, admirável regularidade e profunda crença no poder da informação e do conhecimento, escrevendo na *Folha de S.Paulo* ou fazendo conferências e participando de debates em várias regiões do país e do exterior, ajudou a construir uma concepção objetiva de jornalismo científico.

Mais do que isso, pois ele procurava colocar conhecimentos úteis ao alcance de todos, fazendo a difícil transposição didática entre o cientista-criador dos laboratórios e o hermetismo de um novo conhecimento e a sua divulgação pública. Teve ainda o mérito de promover e incentivar eventos e discussões sobre a necessidade de ampliar espaços para a divulgação científica no país.

Se, hoje, a divulgação e o jornalismo científico já se fazem presentes em diversos órgãos da imprensa, é sempre oportuno sublinhar que essa conquista tem uma história em cuja evolução Abramczyk teve um papel proeminente, podendo ser por isso mesmo considerado um dos pioneiros da divulgação científica no Brasil. Mas isso não aconteceu da noite para o dia. Foram necessários muitos anos de trabalho persistente, em que os obstáculos enfrentados converteram-se em revigoramento de sua crença no poder das ideias e das palavras que as projetam e dão sentido.

O pensamento de Abramczyk pode ser encontrado, primeiramente, em seus mais de 2.500 artigos publicados na *Folha*. O seu estilo sóbrio e objetivo, sintetizando o essencial em poucos parágrafos, era um atributo que ele considerava imprescindível para popularizar a ciência.

No propósito de informar e formar, evidencia-se a dimensão pedagógica de suas matérias. E, quando se argumenta nessa linha, pode-se afirmar em sentido amplo que Abramczyk é um educador científico.

Seus textos possuem a virtude de aliar simplicidade e rigor, facilitando a assimilação e a internalização pelo leitor. Do ponto de vista do que poderíamos chamar de uma didática da leitura, o estilo direto, sem rodeios acadêmicos, que contempla o núcleo estruturante da matéria objeto da divulgação, favorece o entendimento e a aprendizagem do leitor, virtude que se tornou fundamental no cenário de uma sociedade do conhecimento em que a turbulência de informações e de incertezas parece dominar o cotidiano, desafiando os que têm a responsabilidade de comunicação coletiva.

O que escreveu certa vez sobre José Reis, seu grande mestre e inspirador, afirmando que os seus artigos aproximam os cientistas que criam o conhecimento do público beneficiado por esse mesmo conhecimento, também se aplica a ele.[4]

Julio Abramczyk sempre teve a preocupação de estabelecer permanente diálogo com os cientistas e de fazer a ponte com o grande público, de modo a oferecer aos seus leitores a informação mais correta, seguida de indicações sobre o alcance e

---

4 Abramczyk, Julio. "O homem que forma e informa". Caderno "Mais!", *Folha de S.Paulo*, 8/6/1997, p. 15.

os limites de uma nova descoberta ou de um novo avanço da ciência e da tecnologia.

Por isso, insiste ser necessário informar sem deformar e, quando possível, interpretar, assumindo uma posição decidida em benefício da ciência e da cultura.[5] Critica a simples decodificação da mensagem "esotérica" dos cientistas, ressaltando a importância de uma postura crítica.[6] Os seus artigos possuem essa peculiaridade. Além disso, têm o mérito de não exagerarem em adjetivos. A marca da ponderação os distingue.

Muito do pensamento de Abramczyk sobre a divulgação científica aparece em matérias em que ele, na luta para dar maioridade ao jornalismo científico no Brasil, escreveu sobre figuras que admira e reconhece, como José Reis e Manoel Calvo Hernando.

Assim, por exemplo, ponderou que, para José Reis, as particularidades de uma pesquisa só interessam aos pesquisadores. Abramczyk argumenta que o jornalista científico, segundo Reis, deve transmitir ao público o sentido e o sabor do conhecimento científico, assim como suas implicações sociais. Sobre as implicações sociais, vale a pena registrar que Abramczyk defende uma concepção de jornalismo científico que não se esgote no âmbito das chamadas ciências duras.

---

5 Abramczyk, Julio. "A importância do jornalismo científico". *Folha de S.Paulo*, 23/6/1975, p. 22.

6 Idem. "Periodismo científico en Iberoamerica". Madri: Asociación Iberoamericana de Periodismo Científico, 1990.

Foi por isso que na organização do 1º Congresso Brasileiro de Jornalismo Científico, realizado em São Paulo, em 1983, ele incluiu pela primeira vez uma mesa de discussões com os cientistas sociais, procurando alargar dessa forma o horizonte da divulgação científica, mediante a presença de todas as ciências e não apenas de uma parte delas.

Nessa mesma linha, em uma matéria sobre jornalismo e falsas ciências, aproveitando uma conferência de Calvo Hernando, chama a atenção para o perigo que corre o jornalista científico de divulgar conhecimentos sem a comprovação e a indispensável credibilidade e confiabilidade. Constata-se, dessa forma, que sua concepção de jornalismo científico possui uma sólida dimensão ética e respeito aos leitores. Suas fontes de pesquisa e informação caracterizam-se por elevada credibilidade. Participando com frequência de grandes eventos mundiais das ciências médicas, renova permanentemente suas fontes e amplia sua rede de informações.

Em sua trajetória de divulgação crítica de inventos e descobertas científicas, há um aspecto que merece destaque. Refiro-me à sua preocupação em sensibilizar os meios de comunicação coletiva no sentido de abrir espaços para artigos de ciência e tecnologia.

Em um de seus trabalhos mais importantes – "Periodismo Científico en Iberoamerica" –, apresentado em evento realizado na Espanha, em 1990, Abramczyk analisa o status do jornalismo científico em vários países, mostrando avanços, carências e omissões e sublinhando a necessidade de formação de profissionais competentes para assegurar desempenho mais crítico.

Daí o seu entusiasmo com a criação, em 1977, da Associação Brasileira de Jornalismo Científico (ABJC), entidade fundada para reunir os poucos profissionais então existentes e discutir políticas de melhoria do setor.

Alguns anos depois, Julio Abramczyk viria a ser o presidente dessa entidade, ocasião em que promoveu, em parceria com a Asociación Iberoamericana de Periodismo Científico e apoio do CNPq, da Capes, da Financiadora de Estudos e Projetos (Finep) e da Empresa Brasileira de Pesquisa Agropecuária (Embrapa), o 1º Congresso Brasileiro de Jornalismo Científico e o 4º Congresso Ibero-Americano de Jornalismo Científico, quando foi eleito presidente da Associação Ibero-Americana. Esse último evento, pela qualidade de suas reflexões e contribuições, decorridos trinta anos, continua referência para os profissionais da divulgação científica e estudiosos da área.

Outros eventos e reuniões, realizados em diversos pontos do país, tiveram seguimento sob a liderança de Abramczyk ao tempo em que conduziu com dinamismo e espírito aberto os rumos da ABJC, incentivando o jornalismo científico em outras unidades da Federação, com o objetivo de colocar em perspectiva nacional a importância de popularizar a ciência.

Unindo pensamento e ação, conseguiu disseminar, tanto no Brasil como em outros países, sobretudo latino-americanos, a relevância da divulgação científica como instrumento imprescindível à formação de visão mais crítica da sociedade e redução da dependência intelectual.

Participando do evento Consulta Técnica sobre Periodismo Científico, realizado em Buenos Aires, em 1989, criticou a predominância do jornalismo informativo em relação ao de opinião, colocando em relevo a política de ciência e de tecnologia no mundo hoje e chamando a atenção para a necessidade de sensibilizar os detentores do poder.[7]

Em 1987, ao ser agraciado com o Prêmio José Reis de Divulgação Científica, em seu discurso de agradecimento, após tecer considerações sobre os difíceis caminhos perseguidos ao longo de sua trajetória de divulgação de experiências pioneiras das ciências médicas – entre elas, a aplicação da vacina Sabin no Brasil, o transplante de córnea, os primeiros passos da cirurgia cardíaca, a tecnologia do ultrassom e a descoberta de 32 vírus novos na Amazônia –, ressaltou o papel estratégico que tem a ciência para sairmos da posição colonial de receber sucata tecnológica do exterior e libertar o país da dependência que impede o progresso científico, econômico e social. Sublinhou que é democratizando conhecimento que alcançaremos uma visão mais abrangente dos problemas que nos afetam.[8]

Essa consciência política de Abramczyk se faz presente em todo o seu longo itinerário de mais de meio século em prol da divulgação científica. Os textos selecionados para compor o capítulo de suas ideias sobre jornalismo científico mostram esse lado, muitas vezes escondido nas entrelinhas.

7 Abramczyk, Julio. "Diagnóstico do jornalismo científico na América Latina". Palestra no evento Consulta Técnica sobre Periodismo Científico, convocado pela Organização dos Estados Ibero-Americanos para a Educação, a Ciência e a Cultura (OEI), em Buenos Aires, de 9 a 13/10/1989.

8 Idem. Palavras de agradecimento ao Prêmio José Reis de Divulgação Científica. São Paulo, Estação Ciência, 24/6/1987.

Daí a importância que sempre atribuiu ao diálogo entre o cientista e o jornalista, ou seja, entre os que produzem conhecimento e os que o divulgam à população. Essa simbiose, como ele mesmo afirma, permite que os resultados de uma pesquisa cheguem ao povo, nisso residindo o valor social dos avanços científicos e tecnológicos que defende.

Quanto mais a população de um país apropriar-se da cultura científica e humanística, pela via formal das escolas, ou pelos caminhos informais da imprensa e de outros meios, tanto mais as pessoas poderão desenvolver uma visão crítica da sociedade. Nesse processo, Abramczyk lembra com ênfase o papel da imprensa como um dos meios para elevar o nível cultural da população.[9]

Integra a vertente ética e política de suas ideias a independência de pensamento. Em um seminário sobre ciência e sociedade, ele alertou as assessorias de imprensa para a necessidade de discernir entre uma matéria informativa e muitas vezes formativa de um produto de *marketing*. Observa que essas assessorias têm promovido sutilmente seus clientes (laboratórios farmacêuticos ou médicos), veiculando informações inadequadas sobre riscos e benefícios de um novo medicamento.

No conjunto de suas ideias, sobreleva em importância o papel das escolas de comunicação. Em 1983, proferindo palestra em seminário realizado pela Universidade Federal de Santa

---

9 Abramczyk, Julio. "Divulgação científica torna as pesquisas mais acessíveis". *Folha de S.Paulo*, 22/5/1983, p. 70.

Catarina (UFSC),[10] Abramczyk argumentou que essas escolas não possuíam ainda uma disciplina específica de jornalismo científico, acrescentando o papel das universidades e demais instituições formadoras no sentido de proporcionar oportunidades para o aperfeiçoamento profissional de jornalistas científicos, não somente nos aspectos teóricos, como também em termos de prática.

Para a consecução desse objetivo, recomendou o estágio conjunto de jornalistas e cientistas, com os primeiros aprendendo noções e conceitos sobre os diversos ramos da ciência e os cientistas mantendo contato e compreendendo a natureza do trabalho jornalístico de informar e conscientizar.

A relevância do diálogo entre cientistas e jornalistas é fundamental. Por isso, Abramczyk critica o fato de as assessorias de imprensa das universidades não terem foco em uma das funções essenciais da universidade: a pesquisa.

Para superar esse impasse, sugere a presença nas assessorias de profissionais de jornalismo científico, não para fazer *press release*, que ele chamava de moderna praga do jornalismo, mas colocando o cientista em contato com os meios de comunicação, organizando guias para repórteres sobre os projetos de pesquisa em andamento.

Por último, importa assinalar que o fato de se reconhecerem os avanços da divulgação científica nos últimos cinquenta

---

10 Idem. "O jornalismo científico no Brasil". In: Conferência no 1º Seminário Regional de Jornalismo Científico. Florianópolis: Escola de Comunicações da UFSC, 18/10/1983.

anos, tanto em termos conceituais quanto no que se refere à criação de novos espaços na mídia, graças ao pioneirismo e à luta de figuras como José Reis, Julio Abramczyk e tantos outros, não significa que o Brasil já logrou atingir uma situação que pode ser considerada ideal.

O alerta de Abramczyk de que alguns jornais ainda dão mais espaço para a seção de astrologia do que para a divulgação científica[11] deve estar na agenda de todas as pessoas e instituições que lutam por uma imprensa crescentemente relevante na evolução cultural da sociedade.

Célio da Cunha é professor da Universidade de Brasília (UnB) e consultor da Unesco.

11 Abramczyk, Julio. "A saúde na cobertura da mídia". In: 2º Seminário Ciência e Sociedade: mediações jornalísticas. São Paulo: ECA-USP – Estação Ciência, 8 e 9/12/2004.

A importância do jornalismo científico

Informar sem deformar e quando possível interpretar. Assumir uma posição decidida em benefício da ciência e da cultura. Finalmente o jornalismo científico saiu da passiva posição do simples noticiário para acompanhar com todo o seu vigor os avanços tecnológicos modernos. E com razão; estamos vivendo no século em que a ciência mais se expandiu, com a sua notável repercussão para o bem-estar humano. Por isso a crescente curiosidade da opinião pública sobre os progressos alcançados pelas pesquisas científicas e os seus consequentes benefícios.

Durante anos engatinhando timidamente na América Latina, a divulgação científica alcançou a maioridade há apenas pouco tempo. O catalisador para essa mudança foi o 1º Congresso Ibero-Americano de Periodismo Científico, realizado em Caracas, principalmente graças aos esforços de dois extraordinários jornalistas: Manuel Calvo Hernando, da Espanha, e Arístides Bastidas, da Venezuela.

Calvo Hernando, redator-chefe do *Ya*, de Madri, é conhecido entre os jornalistas por sua luta, há vários anos, para a formação de jornalistas científicos pelas escolas; ministrou em vários países cursos para a formação desses profissionais, inclusive na Universidade de São Paulo. Bastidas, verdadeiro marco do jornalismo na América Latina, fundou na Venezuela o Círculo de Periodismo Científico, cuja influência extravasou as fronteiras de seu país e lançou as bases para a criação da

Associação Ibero-Americana de Periodismo Científico. O congresso teve o patrocínio do governo da Venezuela e da Organização dos Estados Americanos (OEA) e dele participaram representantes dos principais jornais da América Latina. Dos quatro brasileiros convidados, dois representaram a *Folha de S.Paulo*: Abram Jagle e este redator.

O congresso teve, além das sessões dedicadas à apresentação de temas livres, os seguintes temas oficiais: o papel do jornalismo científico no desenvolvimento dos povos; a linguagem do jornalismo científico; conflitos do jornalismo científico; ética do jornalismo científico; formação do jornalista científico; o jornalismo científico nos diferentes meios; a Associação Ibero-Americana de Jornalismo Científico e sua problemática.

No discurso inaugural do congresso, Calvo Hernando destacou que o conclave marcava um importante dia para o jornalismo, para a ciência e para a América:

> Para o jornalismo, porque ao se consagrar à difusão da ciência cumpre a sua mais nobre finalidade: pôr a serviço da maioria os conhecimentos da minoria. Para a ciência, porque sai das torres de marfim de seus laboratórios e gabinetes de trabalho, para acercar-se ao povo em um exercício da mais difícil e exigente democracia, a da cultura. E para a América porque podemos entregar-lhe um instrumento eficaz para cumprir o acordo dos presidentes em Punta del Este e colocar a divulgação da ciência, a educação e a tecnologia a serviço do desenvolvimento, com a criação de um clima de opinião pública favorável à investigação das ciências do homem e da natureza e à aplicação da tecnologia – própria,

se for possível – à melhoria do nível de vida material e espiritual de nossos povos.

Concluindo, Calvo Hernando destacou:

Nestes últimos anos a ciência se converteu na grande acusada de nosso tempo, até o extremo de querer fazer responsável o progresso científico e tecnológico pelos desajustes atuais de nossa civilização e pelos erros e maldades do ser humano. Aqueles que mantêm esses critérios esquecem que os anseios pelo conhecimento estão na própria natureza do homem e que o avanço gigantesco e irreversível da ciência não é em si nem positivo nem negativo, já que tudo depende do uso que os governos e a sociedade em geral possam fazer deste conjunto.

A missão do jornalismo científico no desenvolvimento dos povos foi abordada em seus vários aspectos. Manuel Isidro Molina (Venezuela) recomendou que os jornalistas científicos procurem comentar ou divulgar notícias de sua especialidade, não incorrer em exageros nem limitar-se à novidade que estimem seja sensacional, mas deem ênfase ao sentido social do fato.

Eloy Enrique Porras (Venezuela) lembrou que o divulgador científico irá, antes de tudo, liberar o homem dos hábitos perniciosos, da ignorância e das atitudes rotineiras, do mecanismo tradicional que dificulta e obstaculiza sua participação voluntária em tarefas coletivas de progresso. Acrescentou que o jornalismo científico procura servir de enlace entre o investigador científico e a massa, motivo pelo qual deverá simplificar o complicado e expressar, em linguagem simples, o que o cientista faz através de suas indecifráveis expressões.

Juan Alberto Verga (Argentina) defendeu o ponto de vista de que a divulgação científica deveria ficar apenas na área do jornalismo, e nem sequer do jornalismo especializado. Isso por acreditar que todo profissional do jornalismo deve ter noções básicas de jornalismo científico, como parte de sua formação geral na ciência da comunicação social.

Carlos Romero (Bolívia) destacou em seu trabalho a importância do jornal em despertar a curiosidade das jovens gerações para o conhecimento científico.

Arnaldo Rascovsky, importante psicanalista argentino e divulgador científico por meio da imprensa escrita e falada, apresentou trabalho em colaboração com Julio Aray e Susana Aray, respectivamente psicanalista e jornalista, ambos da Venezuela. Destacaram os autores a função do jornalista na prevenção e terapia da população, lembrando ainda que a organização científica oficial habitualmente, dentro de um sistema esotérico, pretende isolar o conhecimento da população e restringi-lo a uma minoria que regularmente se opõe a toda revolução nos conhecimentos que não estejam sob seu controle.

Fernando Acuña (Venezuela) afirmou que o jornalista científico é um educador. Sua presença significou um impacto em todas as formas da educação, chegando a constituir-se na forma mais dinâmica e prática de colaboração na tarefa de educar os membros de uma sociedade.

M. Acosta Solis (Equador) lembrou a importância do jornalista ao criar na população uma atitude científica compensatória das deficiências da escola e do colégio. Destacou ainda que a popularização da ciência é uma grande contribuição para a formação do cidadão moderno.

Os problemas decorrentes da linguagem adequada do material científico oferecido para a população em geral foi o segundo dos temas oficiais do congresso. Ignacio de la Cruz (Venezuela) ressaltou a delicadeza da tarefa, que requer, por um lado, adequado conhecimento de linguagem científica e, por outro, um domínio da psicologia popular e da fala comum, para que se produzam as equivalências entre a língua falada pela população e a língua empregada pelos sábios.

Para Manuel Calvo Hernando, o divulgador em geral deve não somente traduzir em ideias simples e acessíveis o raciocínio científico, mas também toda uma linguagem. Porquanto a ciência seja, por definição, inimiga de toda forma de mistério, explicou, produz-se o paradoxo de que o aprofundamento crescente nos conhecimentos se transforma em algo esotérico. E são exatamente os jornalistas científicos que irão realizar as transformações necessárias para que esses conhecimentos novos cheguem a todo tipo de leitores e com um absoluto respeito à verdade científica.

Calvo Hernando apresentou também trabalho sobre os problemas da divulgação científica e tecnológica nos meios informativos. Salientou a necessidade de se escrever com simplicidade, clareza, ordem e amenidade. É necessário explicar as coisas difíceis com palavras fáceis. E é aqui que reside um dos segredos da divulgação científica. Destacou ainda a importância das ilustrações, uma vez que a imagem se grava na mente do leitor com mais facilidade que o texto.

Para Arístides Bastidas, o jornalismo científico é o periodismo do futuro, já que nenhuma especialização no campo informativo está tão cheia de fatos surpreendentes e maravilhosos. Ao falar sobre os conflitos do periodismo científico, Bastidas abordou o desacordo que às vezes surge entre o cientista que quer que as coisas sejam ditas da forma como ele as concebeu e o jornalista que é obrigado a manipulá-las na forma como as entende o leitor. Depois de analisar diversos problemas, o presidente do 1º Congresso Ibero-Americano de Periodismo Científico sugeriu: 1 – a criação de associações e círculos de periodismo científico que estimulem a vocação para essa especialidade, tanto nos jornalistas ativos como nos estudantes de jornalismo; 2 – a formação de jornalistas científicos que traduzam para a linguagem popular, com amenidade, simplicidade e clareza, os fatos detectados pelos pesquisadores e pela ciência em geral; 3 – a aliança de instituições científicas para criar uma consciência nacional sobre a importância da difusão da ciência e da tecnologia; 4 – efetuar encontros de empresários da imprensa, rádio e televisão com os cientistas e jornalistas científicos para aumentar os espaços destinados a essa divulgação; 5 – o exercício do jornalismo científico deve-se fazer com mística patriótica e sem fins de lucro.

Luís Moreno Gómez (Venezuela) sugeriu que as escolas de jornalismo ou de comunicação social das universidades estatais ou particulares incluam em seus currículos a disciplina de jornalismo científico, em nível de pré-graduação e especialmente nas últimas séries dos cursos. Igualmente sugeriu que essas escolas estudem a possibilidade de oferecer um curso de pós-graduação, com um ano de duração, sobre jornalismo científico. Moreno Gómez fez curso de pós-graduação na Universidade de Columbia (Nova York) e foi o titular da cátedra Temas Científicos Contemporâneos da Universidade de Zulia (Venezuela).

Jacob Brailovsky, decano do jornalismo científico na Argentina e redator especializado do importante diário *La Nación*, falou sobre a problemática da Associação Ibero-Americana de Periodismo Científico, rememorando os primeiros passos dados pela entidade até a alta posição e prestígio internacional de que desfruta atualmente. Lembrou, ainda, que a vinculação dos jornalistas com os cientistas e técnicos deve ser estreita e cada vez mais intensa.

Os anais do Congresso, recentemente editados, publicam na íntegra todos os trabalhos apresentados, os debates da mesa-redonda sobre os conflitos entre o jornalista e os cientistas e todas as conferências proferidas no certame: desde a conferência do presidente Carlos Andrés Pérez, da Venezuela, à de Hillier Krieghbaum, dos Estados Unidos, em que o antigo professor relata suas experiências no campo do jornalismo científico.

Folha de S.Paulo, 23.6.1975

Jornalismo científico

Uma antiga aspiração de profissionais que trabalham na área da divulgação científica acaba de ser concretizada: foi fundada no dia 19 último, em São Paulo, a Associação Brasileira de Jornalismo Científico (ABJC). A entidade terá por objetivo principal congregar jornalistas profissionais e integrantes de outras profissões que, como colaboradores, contribuam para a divulgação científica, educativa e tecnológica na imprensa, rádio e televisão.

Além de incentivar a formação de jornalistas especializados em divulgação científica, por meio de conferências, cursos e seminários, a ABJC se propõe a colaborar com as instituições científicas, visando não apenas a um melhor convívio e entrosamento, mas também tendo por finalidade uma melhor difusão dos conhecimentos científicos em meio ao público em geral.

Segundo Manuel Calvo Hernando, um dos mais importantes jornalistas da área da divulgação das ciências, o jornalismo científico é da máxima importância na área da comunicação, pois coloca a serviço da maioria os conhecimentos da minoria. É importante também para a ciência, pois lhe permite sair das torres de marfim de seus laboratórios e gabinetes de trabalho para acercar-se do povo em um exercício da mais difícil democracia, a da cultura. Por outro lado, explica ainda Calvo Hernando, a divulgação científica é o instrumento mais eficaz para a criação de um clima de opinião pública favorável à investigação das ciências do homem e da natureza e à aplicação da tecnologia – própria quando possível – à melhoria do nível de vida material e espiritual de nossos povos.

Uma das primeiras atividades da Associação Brasileira de Jornalismo Científico será o patrocínio da conferência que Manoel Calvo Hernando proferirá no dia 3 próximo, às dez horas, no Departamento de Jornalismo da Faculdade de Comunicação Social Casper Líbero, realização que conta com a colaboração do professor José Marques de Mello. A conferência abordará o tema Perspectivas do Jornalismo Científico.

Manuel Calvo Hernando é redator-chefe do jornal *Ya*, de Madri, presidente da Associação Espanhola de Periodismo Científico e secretário-geral da Associação Ibero-Americana de Periodismo Científico. No mesmo dia, às 14h30, Calvo Hernando irá reunir-se na sede do Sindicato dos Jornalistas Profissionais no Estado de São Paulo com os profissionais da área da divulgação científica para informar das próximas realizações da Associação Ibero-Americana.

A primeira diretoria da Associação Brasileira de Jornalismo Científico, eleita para o biênio 1977-78, ficou assim constituída: presidente, José Reis (*Folha de S.Paulo*); 1º vice-presidente, Demócrito Oliveira Moura (*Jornal da Tarde/O Estado de S. Paulo*); 2º vice-presidente, Marco Antonio Filippi (*O Estado de S. Paulo*); secretário-geral, Julio Abramczyk (*Folha de S.Paulo*); secretário-adjunto, Abram Jagle (*Ciência e Cultura* e *Folha de S.Paulo*); tesoureiro, Silvio Raimundo (*Visão*).

Folha de S.Paulo, 25.9.1977

Um som que não se ouve, mas que faz diagnósticos

Cientistas e professores de vários países estarão presentes no 2º Congresso Internacional de Ecografia Bidimensional, a realizar-se em Campinas, de 17 a 21 de outubro próximo. Estarão presentes os professores Fernando Bonilla Musoles, da Universidade de Valência; Harald Lutz, da Universidade de Erlangen; Henning Bartels, da Universidade de Göttingen; e George Kossoff, da Universidade de Sydney.

Estarão representando o Brasil os doutores Kurt F. Jedlicka, físico da Maternidade-Escola do Rio de Janeiro; Marco Aurélio Matallo Pavani, diretor do Centro Campinense de Ecografia; e Roberto Takeo, chefe do setor de Ecografia da Maternidade de São Paulo. Os dois últimos são pioneiros da ecografia no país. O curso é promoção da Sociedade Brasileira de Ultrassom em Medicina e Biologia, Centro Campinense de Ecografia e Maternidade de Campinas.

Segundo os organizadores do curso de ecografia, foi em 1950 que dois cientistas norte-americanos, John J. Wild e Donald Neal, utilizaram pela primeira vez, experimentalmente, a tecnologia dos ultrassons em medicina. Naquela oportunidade, não previram a extensa contribuição que seu trabalho viria a representar para o diagnóstico médico, em menos de uma geração.

A ciência desenvolvida a partir das primeiras experiências de Wild e Neal passou a chamar-se ecografia e recebe, mais modernamente, a denominação de ultrassonografia. Como o nome indica, é uma ciência que se baseia na utilização sistemática e disciplinada dos ultrassons – ondas sonoras emitidas numa frequência tal que escapa aos limites normais de percepção do ouvido humano; no reino animal, os morcegos, por exemplo, são dotados de peculiar capacidade de captar os ultrassons.

Esse tipo especial de onda sonora foi descoberto ainda no século XIX, por volta de 1889. Mas foi só com a Europa em plena Primeira Guerra Mundial que o homem descobriu uma utilização para o fenômeno dos ultrassons. Essa descoberta, levada a efeito por técnicos franceses e ingleses, constituiu-se numa arma decisiva para o destino militar das forças aliadas: o sonar.

Mais recentemente, a ciência descobriu que certos animais, como o morcego, naturalmente providos da capacidade de captar os ultrassons, desenvolveram ao longo de sua evolução uma sofisticada técnica de locomoção, ataque e defesa, unicamente baseada na utilização dos ultrassons como meio de orientação.

Entretanto, se o conhecimento da fenomenologia pura e simples do ultrassom levou os técnicos bélicos à descoberta do sonar, seria no campo da medicina que o homem viria a aplicar esses fantásticos sons que não se ouvem.

Baseando-se no mesmo princípio de funcionamento do sonar, Wild e Neal conceberam, em 1950, um método de diagnóstico pelo qual um feixe de ultrassons, emitidos a partir de uma fonte geradora, se propaga no interior do corpo humano e, em operação sempre análoga à do funcionamento do sonar, retorna ao ponto de origem em forma de imagem, "para contar o que vira lá dentro".

Apesar das naturais limitações impostas pelo simples fato de serem os primeiros, os dois norte-americanos conseguiram um resultado animador e surpreendente em sua primeira experiência. O trabalho de ambos é, hoje, ainda mais digno de reverência quando levamos em conta o fato de eles terem escolhido como primeiro campo de prospecção ultrassonográfica o mais complexo e desconcertante órgão do corpo humano, o cérebro.

Com efeito, às limitações da técnica ultrassonográfica unidimensional – o feixe de ultrassons propagava-se em linha reta (cópia literal do sonar bélico) e, de volta ao ponto de origem, fornecia uma imagem chapada, em uma só dimensão, sem a nitidez da profundidade – opunha-se à rígida e quase intransponível barreira da couraça óssea que envolve e protege o cérebro.

Quatro anos mais tarde, em 1954, o escocês Ian Donald, desenvolvendo suas pesquisas, chegou a outra importante descoberta: o processo de ecografia bidimensional. Como o nome já diz, nesse processo o feixe ultrassônico propaga-se em duas dimensões no interior do campo a ser estudado. E, cobrindo a área em todas as direções, produz, no retorno, uma imagem total e não linear.

A princípio, porém, a imagem ecográfica produzia-se em apenas dois tons, o branco e o preto. Privado das sombras e meios-tons, o cientista ou o médico que se propunha a analisar e interpretar essa imagem ficava muitas vezes confuso, e tinha de se valer, não raro, da sua intuição.

Em 1972, um pesquisador da Universidade de Sydney, o australiano George Kossoff, propiciou, com suas pesquisas sistemáticas, um decisivo acréscimo à tecnologia ultrassonográfica. Kossoff descobria a chamada *grey scale*, a "escala de cinzas". Esse método é, em síntese, a introdução dos meios-tons na imagem ecográfica em branco e preto. A escala de Kossoff permite a obtenção, em imagem ultrassonográfica, de 24 gradações de cinza. Na verdade, o próprio olho humano só consegue captar 12 dessas 24 gradações.

O resultado desse novo passo foi o aprimoramento sensível da técnica de diagnóstico por meio de ultrassons. Além da nitidez naturalmente decorrente da fixação dos meios-tons, o médico pode ver, na imagem ecográfica pelo método de Kossoff, as mais tênues variações de morfologia e composição do órgão em estudo, pela superposição ou modificações dos tons de cinza.

Modernamente, está em desenvolvimento e já em aplicação experimental, nos Estados Unidos, o processo de ecografia tridimensional colorida.

Folha de S.Paulo, 25.9.1977

Jornalismo e falsas ciências

Há poucos dias, alunos do Departamento de Jornalismo da Faculdade Casper Líbero assistiram a uma conferência sobre jornalismo científico feita por Calvo Hernando, secretário-geral da Associação Ibero-Americana de Jornalismo Científico, diretor de redação e redator científico do jornal *Ya*, de Madri, e também destacado membro do Instituto de Cultura Hispânica. A conferência teve por finalidade mostrar aos futuros jornalistas a abertura que a eles se apresenta com o avanço, cada vez maior, da divulgação das ciências nos meios de comunicação.

Além de ouvir as palavras do conferencista, os estudantes tiveram a oportunidade de manter contato com dois redatores que chegaram ao jornalismo científico por caminhos diferentes: Calvo Hernando, que há vinte anos era um repórter geral, após cobrir um evento internacional de energia nuclear, passou a se interessar pela divulgação científica; e a seu lado, o doutor José Reis, decano da divulgação científica no Brasil e que há cerca de quarenta anos, quando era exclusivamente um cientista, foi convidado a colaborar na *Folha* como redator científico, onde permanece até hoje, fazendo de sua coluna uma verdadeira escola de divulgação científica.

Calvo Hernando iniciou sua conferência definindo jornalismo científico como a especialidade informativa que tem por objetivo a difusão dos avanços da ciência e da tecnologia e a criação de um clima de interesse para a ciência e para o papel que esta desempenha no desenvolvimento do mundo moderno. O cientista necessita do jornalista para difundir seus trabalhos, e o jornalista necessita da ciência, porque esta se converteu em matéria que é objeto de informação diária e que se constitui em uma informação de primeira categoria.

O jornalista espanhol focalizou também alguns problemas. Em termos de redação, não é suficiente utilizar adequadamente o idioma próprio. É necessário utilizar a linguagem jornalística: ser claro, breve, conciso e simples. Por outro lado, se é difícil para um cientista manter-se em dia com a marcha ascendente dos conhecimentos, também o será para o divulgador das ciências. Para isso, ele conta com revistas de divulgação, livros, resumos de congressos científicos, entrevistas com homens de ciência e departamentos de divulgação das embaixadas, que sempre têm interesse em mostrar o que os seus países fazem no campo da investigação e pesquisa.

Destacou particularmente Calvo Hernando o aspecto relativo às falsas ciências. Para ele, é claro que o jornalista científico deve combatê-las, porém nem sempre elas aparecem claramente diferenciadas das autênticas. Em algumas ocasiões, podem confundir-se com as ciências novas e ainda não reconhecidas oficialmente. É aqui onde está o maior perigo para o divulgador, já que, por um lado, não pode desprezar, *a priori*, algo que se lhe oferece como um material informativo, novo e curioso; de outra parte, não deve prestar-se ao jogo e converter-se em inimigo da ciência, em vez de seu divulgador, ao pôr a serviço das falsas ciências sua influência sobre os leitores.

Folha de S.Paulo, *9.10.1977*

Divulgação científica torna as pesquisas mais acessíveis

O papel fundamental que está a cargo da divulgação científica – criar o ambiente necessário para o cultivo e o florescimento da ciência e da cultura – foi destacado pelo professor Lynaldo Cavalcanti de Albuquerque, presidente do Conselho Nacional de Desenvolvimento Científico e Tecnológico (CNPq), em solenidade realizada na Faculdade de Medicina da Universidade de São Paulo durante a entrega do Prêmio José Reis de Divulgação Científica.

Para o presidente do CNPq, a condição de sustentação e fortalecimento das atividades de ciência e tecnologia repousa no processo de interação entre as demandas e as necessidades sociais e o sistema nacional de pesquisa. Por isso, destacou que um dos mais importantes canais para intensificar essa interação é a divulgação científica. Ao tornar acessível a todas as pessoas os avanços da ciência, o divulgador científico propicia o debate público e permite à sociedade acompanhar e avaliar as políticas, as atividades, os problemas e as perspectivas do nosso desenvolvimento científico e tecnológico.

Segundo o professor Lynaldo Cavalcanti de Albuquerque, o objetivo de todo esforço da pesquisa científica e tecnológica é gerar continuamente um conjunto de informações para ampliar as fronteiras do conhecimento. E, sobretudo, para serem utilizadas pela sociedade, particularmente em seus sistemas educativo e produtivo.

O Prêmio José Reis de Divulgação Científica, instituído pelo Conselho Nacional de Desenvolvimento Científico e Tecnológico (CNPq), é anualmente concedido a pessoas ou instituições que se tenham distinguido na divulgação do trabalho de pesquisa e do progresso científico e tecnológico, de forma a colocar a ciência ao alcance do grande público. Este ano o prêmio foi entregue, em solenidade realizada no salão nobre da Faculdade de Medicina da Universidade de São Paulo, ao professor Carlos da Silva Lacaz, dessa mesma universidade, por suas atividades no campo do jornalismo médico, com a publicação de vários livros, e principalmente pela implantação do Museu Histórico da Faculdade de Medicina da USP e do Museu Ceratoplástico Augusto Esteves.

Na categoria Menção Honrosa foi laureada a Sociedade Brasileira para o Progresso da Ciência, pela publicação da revista de divulgação científica *Ciência Hoje*, que conta com o apoio do CNPq e da Finep e tem por objetivo integrar a comunidade científica e a população, criando um canal de difusão – principalmente da ciência produzida no Brasil. Dos 8 mil exemplares do primeiro número, em princípios do ano passado, passou a publicar 50 mil exemplares em seu sexto número. Até o fim deste ano está prevista a tiragem de 72 mil exemplares.

Folha de S.Paulo, *22.5.1983*

O jornalismo científico no Brasil

A população brasileira estimada atualmente [1983] é de cerca de 120 milhões de habitantes. Excluindo-se os que não aprenderam a ler e os que não se interessam por leituras dos diários e revistas, mesmo assim é lícito supor a existência potencial de alguns milhões de leitores.

Destes, uma boa parcela já foi despertada em seu interesse nos fatos científicos pelos impactos que a ciência moderna vem provocando nos últimos anos. Por outro lado, o rádio e a televisão também são instrumentos adequados para a divulgação científica.

Entretanto, em que pese um significativo avanço, nos últimos anos – e saudamos com muito entusiasmo o surgimento de revistas de alto valor e conteúdo, como *Ciência Ilustrada*, da Editora Abril, e *Ciência Hoje*, da Sociedade Brasileira para o Progresso da Ciência (SBPC) –, a divulgação científica no Brasil ainda está necessitando de forte motivação não só entre os gestores da informação nos órgãos de comunicação, mas também entre as novas gerações que as escolas de comunicação vêm formando em jornalismo.

Por isso, é de todos os modos louvável a iniciativa do Departamento de Comunicação da Universidade Federal de Santa Catarina em promover este Seminário de Jornalismo Científico. Ele vem, por certo, ao encontro de muitas vocações ainda em busca de seu próprio caminho.

Até o momento, as escolas de comunicação não dispõem, em seu Departamento de Jornalismo, de uma disciplina de jornalismo científico. Mas já existem dois cursos de pós-graduação: no Instituto Metodista de Ensino Superior, em São Bernardo do Campo, no Estado de São Paulo, e no Departamento de Jornalismo da Escola de Comunicações e Artes da Universidade de São Paulo.

Acreditamos que este é um importante passo em benefício do jornalismo científico. Mas igualmente importante é que as demais universidades também proporcionem oportunidades para aperfeiçoamento de jornalistas profissionais em jornalismo científico.

E, principalmente, que não se atenham a aspectos teóricos da comunicação em divulgação científica, mas que se esforcem na abordagem de um ângulo prático para a formação adequada desses profissionais.

Como, por exemplo, proporcionar estágios em laboratórios de pesquisas e investigações, onde jornalistas e cientistas estariam diariamente em contato, por certo tempo.

Seria a situação ideal para uma maravilhosa simbiose: jornalistas apreendendo noções e importantes conceitos sobre os mais diversos ramos da ciência e os cientistas também recebendo a contrapartida de que o contato com os jornalistas é realmente válido para o esforço comum em benefício de toda a sociedade.

Uma das formas de elevar o nível cultural de uma população é, com certeza, por meio de imprensa, rádio e televisão. A televisão, pelas imagens que transmite – e uma imagem vale por mil palavras –, é um instrumento dos mais válidos para a divulgação das ciências.

Por outro lado, com a gradativa ascensão das massas, os jornais perderam a importância política que tinham no século XIX, quando eram lidos apenas pela elite dominante. Hoje, milhares de pessoas leem os jornais. O rádio, por seu lado, atinge a ampla faixa dos que, pela distância ou inacessibilidade às leituras, podem receber os benefícios desse meio de comunicação.

Dessa forma, poderíamos considerar o conjunto imprensa--rádio-televisão como dos mais indicados para a atividade do jornalismo científico. E com o seu consequente corolário, que é o da democratização da cultura e suas possibilidades de poder proporcionar uma educação permanente.

O professor Hillier Krieghbaum, dos Estados Unidos, em sua magistral conferência proferida do 1º Congresso Ibero--Americano de Jornalismo Científico, realizado em Caracas há dez anos, destacou que "a ciência dos meios de comunicação é uma das possibilidades realmente significativas para a educação adulta em uma sociedade democrática. Se as pessoas devem tomar decisões inteligentes em uma sociedade democrática, elas têm que ter a informação necessária".

Com isso, o professor Krieghbaum quis demonstrar que "os meios de comunicação em massa formam o cimento que consolida a sociedade, e os jornalistas científicos têm um importante papel a desempenhar ao criar um público informado, o que é essencial para o desenvolvimento de um processo democrático".

Nos últimos anos temos observado em nosso meio um entrosamento altamente gratificante entre cientistas e jornalistas. Foi precisamente a partir da 30ª Reunião Anual da Sociedade Brasileira para o Progresso da Ciência, em 1978, que, ao organizar a mesa-redonda sobre jornalismo e ciência, a Associação Brasileira de Jornalismo Científico (ABJC) passou a participar regularmente das reuniões anuais da SBPC. Aquela primeira mesa-redonda mostrou aspectos já conhecidos por todos: as queixas recíprocas entre jornalistas e cientistas. Como a do cientista que se queixou em relação à seleção do noticiário, por ser exercido pelos jornalistas e não pelos cientistas.

Realmente, o que não se pode é permitir que os cientistas controlem o noticiário sobre ciência, uma grave distorção que levaria os jornais a permitir que os políticos controlassem o noticiário sobre política ou que os banqueiros controlassem o noticiário econômico. Por isso, o entrosamento entre jornalistas e cientistas não só é necessário, mas muito importante. Podemos destacar que as arestas dos pequenos atritos costumeiros já estão sendo gradativamente buriladas.

Nestes últimos anos, a Associação Brasileira de Jornalismo Científico continuou organizando as mesas-redondas nas reuniões da SBPC, com exceção da do ano passado, pela necessidade de centralizar os seus esforços na organização do 4º Congresso Ibero-Americano e do 1º Brasileiro de Jornalismo Científico, realizados em São Paulo.

Temos a impressão de os jornalistas terem alcançado, com essas atividades, um melhor e mais efetivo entrosamento com os cientistas.

Já mais recentemente, a ABJC vem mantendo um contato altamente produtivo com o CNPq, por meio de seu Programa de Jornalismo Científico. Queremos destacar mais uma vez, nesta oportunidade, o apoio que o CNPq vem prestando à formação de jornalistas científicos, tanto aos das novas gerações saídas das escolas de comunicação quanto aos jornalistas profissionais interessados nessa área. E isto é, atualmente, o mais importante. O jornalismo científico deve ser exercido prioritariamente pelo jornalista profissional, e não pelo cientista.

O trabalho do cientista é produzir conhecimento. O do jornalista, tornar esse conhecimento acessível ao leitor médio dos jornais e revistas, ao ouvinte das rádios ou aos assistentes dos programas de televisão. É claro que existirão sempre as exceções, de cientistas divulgando de forma adequada as ciências, para confirmar a regra. Mas o componente básico dessa tarefa deverá ser o jornalista profissional.

Há dois anos, aqui em Florianópolis, participamos de uma mesa-redonda sobre jornalismo científico, a convite do professor Walter Celso de Lima e com o patrocínio da Universidade Federal de Santa Catarina. Durante os debates, surgiram questões pertinentes e justas. Uma delas, que considero a mais importante, permaneceu nos escaninhos da lembrança da proveitosa reunião. Referia-se ao fato de as pesquisas realizadas na Universidade Federal de Santa Catarina não terem o mesmo espaço, na imprensa, que as realizadas em outras instituições e universidades.

Realmente, o problema levantado existia.

Retornando a São Paulo, publicamos na *Folha de S.Paulo* um pequeno resumo de algumas das realizações da Universidade Federal de Santa Catarina na área da pesquisa científica e tecnológica. Eram informações sobre diversas pesquisas, cada uma delas de real interesse para o leitor em geral.

Como os trabalhos do Projeto Preamar, voltado para o aproveitamento dos mangues como forma de desenvolver a criação artificial de peixes, de indiscutível prioridade em um país onde a carência proteico-calórica, por problemas socioeconômicos e culturais, é uma grave ameaça ao desenvolvimento físico e intelectual de grandes contingentes de crianças que serão o Brasil de amanhã. Como também as pesquisas sobre as aplicações dos cristais líquidos no Departamento de Física, promovendo a necessária autossuficiência tecnológica nesse importante setor do conhecimento humano. E ainda as experiências para uma melhor utilização do carvão catarinense como fonte alternativa de energia, em substituição aos derivados do petróleo.

Depois dessa matéria, não tomamos mais contato com essas pesquisas, ou outras de grande interesse público produzidas nessa universidade. É possível que tenham sido veiculadas por alguns órgãos de comunicação. Infelizmente, no entanto, nós não tivemos mais a oportunidade de tomar conhecimento desses trabalhos ou de outros que por certo existiram.

Voltamos, então, ao problema da insuficiência de notícias nos órgãos de comunicação sobre os trabalhos desenvolvidos na Universidade Federal de Santa Catarina. A exemplo do que ocorre em quase todas as universidades brasileiras, as pesquisas aqui realizadas não são veiculadas pelos órgãos de comunicação porque os jornalistas ou não têm acesso às informações necessárias para a divulgação desses trabalhos, ou não tiveram a curiosidade despertada para esses projetos.

É nesse ponto que surge um aspecto inusitado dentro das universidades. Em quase todas existe um serviço de imprensa. É um departamento muito importante, geralmente com profissionais altamente qualificados em termos jornalísticos.

Por razões que até o momento não detectamos, no entanto, no Brasil esses serviços de imprensa estão voltados para inúmeros problemas, entre eles não se situando destacar a finalidade principal da universidade, que é a de ser um foco dispersor de ciência e cultura.

Esses serviços de imprensa deveriam contar, em sua equipe, com um jornalista profissional especializado em divulgação científica. Com esse entrosamento, as instituições de pesquisas poderiam criar um sistema de apoio à divulgação científica. Os meios de comunicação passariam então a ser informados sobre as investigações em andamento e, em relação às já concluídas, os avanços observados.

Queremos destacar que essas informações não devem ser confundidas com o *press release*, a moderna praga do jornalismo que apresenta o terrível aspecto negativo de amortecer o entusiasmo pela reportagem e, por outro lado, contribui enormemente para diminuir o mercado de trabalho dos profissionais. Essas informações serviriam apenas como indicação e sugestão para reportagens e artigos mais amplos de divulgação científica.

É o que já vem sendo feito por inúmeras universidades norte-americanas, por meio da Associação Americana para o Progresso da Ciência. Em suas reuniões anuais, a entidade distribui aos jornalistas presentes um alentado volume especificando as principais pesquisas em desenvolvimento em quase todas as universidades do país.

Além da informação, de forma concisa, está o nome e o telefone do jornalista encarregado do serviço de imprensa que poderá facilitar o contato entre o cientista e o jornalista científico. Essa publicação tem o sugestivo nome de *Guia para os repórteres sobre atividades de pesquisa em ciência*. Na verdade, é um "quem é quem" da pesquisa científica americana, descrevendo também as atividades mais importantes dos cientistas.

Para o nosso meio, poderia ser uma das formas de estabelecer um contato mais frequente entre cientistas e jornalistas se as nossas instituições pudessem editar anualmente uma publicação desse tipo. E é aqui que surge também um novo campo, dos mais promissores, para o jornalista interessado na divulgação científica. Como se sabe, o restrito mercado de trabalho para o jornalista profissional o é mais ainda para o jornalista científico. E essa é uma das áreas onde ele melhor poderá desenvolver as suas aptidões, despertando nos meios de comunicação o merecido interesse para que sejam mobilizados seus redatores.

Esse nos parece, por outro lado, igualmente um dos bons caminhos para as universidades alcançarem o merecido destaque de suas atividades de pesquisa científica na imprensa, no rádio e na televisão.

Afinal, a ciência é notícia. E o papel do jornalista é divulgá-la.

Conferência no 1º Seminário Regional de Jornalismo Científico, na Universidade Federal de Santa Catarina, em 18.10.1983.

Discurso de agradecimento – Prêmio José Reis de Divulgação Científica 1986

Inicialmente, queremos agradecer à Comissão Julgadora do Prêmio José Reis de Divulgação Científica, com seus membros originários de diferentes áreas de atividade, pulverizadas na representação de entidades de cientistas, de profissionais da comunicação e do próprio Conselho Nacional de Desenvolvimento Científico e Tecnológico (CNPq), a emoção que nos proporcionou com a indicação para este prêmio.

Uma feliz coincidência é este prêmio completar dez anos de concessões anuais e ter atualmente o professor Crodowaldo Pavan na presidência do CNPq, entidade promotora desta significativa láurea. Pois devemos ao próprio professor Pavan, quando presidente da Academia de Ciências do Estado de São Paulo, em 1977, os esforços desenvolvidos para a sua instituição, com a finalidade de incentivar a divulgação de temas científicos e tecnológicos.

Podemos considerar o nosso trabalho, nos últimos 27 anos, como o exercício de uma atividade altamente gratificante. Na *Folha de S.Paulo* encontramos o veículo ideal para esse trabalho, e com esse jornal devemos dividir os eventuais méritos a nós atribuídos: o de tornar acessível à população os avanços da ciência e da tecnologia, em particular na área da medicina.

A *Folha de S.Paulo*, que se destaca no panorama da divulgação científica, é pioneira também por um ato de coragem nos meios de comunicação. Foi o primeiro jornal, nas Américas, a dedicar espaço diário para a informação e a divulgação da ciência e da tecnologia.

Com seus quarenta anos de ininterrupta atividade na divulgação da ciência, o professor José Reis refere que "ao leitor não interessam palavras difíceis, mas os fatos e conceitos que a eles correspondem". Pois foi dessa forma que tentamos democratizar o conhecimento, deste nosso lado da trincheira.

Ao longo desses anos acompanhamos e divulgamos as primeiras experiências do que atualmente pode ser considerado uma rotina nos principais centros médicos brasileiros.

Dentre os mais de mil trabalhos publicados, acompanhamos as experiências pioneiras da aplicação da vacina Sabin em nosso meio – e divulgamos a importância desse avanço –, quando ainda era recebido com reservas o seu emprego e o *lobby* da vacina Salk disparava contra. Nessa mesma época, a União Soviética já tinha aplicado essa descoberta norte-americana em quase toda a sua população infantil.

Divulgamos o início do que seria depois a era do transplante renal, ao publicar sobre o primeiro da América Latina, realizado no Hospital das Clínicas. Acompanhamos a implantação definitiva da rotina do transplante de córnea, publicando fotos até em cores dessa cirurgia. Vimos os primeiros passos da cirurgia cardíaca brasileira e mostramos com explicações pertinentes e fotos as primeiras trocas de válvulas cardíacas e seus resultados alentadores. Ainda na cirurgia cardíaca, a *Folha* foi pioneira na cobertura da também hoje rotineira cirurgia da revascularização do miocárdio, a conhecida ponte de safena, trabalho este laureado com o Prêmio Esso de Jornalismo.

Fomos à Amazônia, onde um pesquisador norte-americano, com iscas humanas, caçava mosquitos; veio a descobrir 32 vírus novos para a ciência, desconhecidos até então, e criou um novo capítulo da medicina – as arboviroses.

Divulgamos também os primeiros passos do que hoje não pode ser dispensado da atividade médica diária: o emprego do ultrassom em gestantes; a ecocardiografia, o estudo do coração por ultrassom; e a tomografia computadorizada.

O caminho da divulgação científica, nas últimas décadas, não foi fácil. Havia desde o descaso com que os próprios cientistas agraciavam os colegas que se dedicavam a atingir o grande público até os companheiros de redação que viam no jornalismo voltado a essa área uma tarefa menor da informação para com o leitor.

Atualmente, o panorama está completamente modificado. Realizou-se o milagre da simbiose entre o cientista e o divulgador da ciência, com reflexos altamente positivos. Ambos se completam em seus esforços. E a população se beneficia, alcançando um nível de conhecimento anteriormente acessível apenas a uns poucos privilegiados. E, com a democratização do conhecimento, alcançamos todos, juntos, uma visão muito mais abrangente dos problemas que nos afetam.

Essa perspectiva que o conhecimento proporciona nos permitirá sair da posição colonial de receber sucata tecnológica do exterior, libertando-nos de uma dependência que impede o progresso técnico e científico próprio, reconhecidamente o fator principal para o processo de desenvolvimento econômico e social das nações na atualidade.

Essa conscientização, que ainda não atingiu todas as forças da nação, só será possível em nosso meio pelo entrosamento permanente entre os que se dedicam a criar o conhecimento e os que se empenham em divulgar esse conhecimento a toda a população.

Discurso proferido na Estação Ciência/USP, em 24.6.1987.

Diagnóstico do jornalismo científico na América Latina

Na medicina, o diagnóstico de saúde ou doença é feito a partir da observação de uma série de sinais e sintomas. Da mesma forma, a análise da situação da divulgação científica nos meios de comunicação latino-americanos poderá eventualmente nos levar a um diagnóstico do jornalismo científico na América Latina.

Até há alguns anos, a participação do jornalismo científico nos meios de comunicação restringia-se a uma simples informação sobre um recente avanço da ciência ou à então consagrada forma didática da divulgação científica.

Há vinte anos, a divulgação científica na América Latina dava seus primeiros passos. Uma pesquisa realizada em 1970 pelo Centro Internacional de Estudios Superiores de Comunicación para América Latina (Ciespal), de Quito, Equador, mostrou que, dos 78 principais diários latino-americanos estudados, somente cinco publicavam regularmente artigos de divulgação científica.

Já em 1985, Josué Muñoz Quevedo afirmava "não existir na América Latina um diário, uma estação de rádio ou um canal de televisão que não inclua, pelo menos uma vez por semana, alguma informação científica ou tecnológica". Josué Muñoz, prematuramente falecido, foi diretor e fundador do Centro Interamericano de Periodismo Educativo y Científico (Cimpec). Esse organismo oficial da Organização dos Estados Americanos (OEA) atuou com sede em Bogotá, Colômbia, e encerrou suas atividades no começo deste ano. Tinha por função preparar e distribuir gratuitamente para os meios de comunicação de massa da América Latina artigos e reportagens de divulgação científica.

Podem-se observar em alguns países latino-americanos os primeiros passos para uma postura mais crítica e, em outros, uma extrema dependência do noticiário oficial. O predomínio na América Latina é o do jornalismo informativo em relação ao de opinião. É o resultado da centralização da informação científica, feita e distribuída pelas agências governamentais aos meios de comunicação, por meio de suas assessorias de imprensa.

São inúmeros os Conselhos de Pesquisa Científica e Tecnológica de países latino-americanos que verificaram ser a divulgação da ciência nacional uma área de alta prioridade. Agora a comunidade científica já não vê mais no jornalismo científico uma inconveniência que tem de suportar.

Muito pelo contrário, ela percebeu que é não só necessária para a conscientização da importância da ciência e da tecnologia no mundo moderno, como também importante para despertar o interesse de novas vocações, para justificar perante a população os altos custos dos investimentos nessa área e, finalmente, para sensibilizar os detentores momentâneos do poder.

Dessa forma, surgiram os Programas de Divulgação Científica e Tecnológica patrocinados por órgãos governamentais. Eles têm o mérito de abrir nos órgãos de comunicação um espaço para a abordagem de temas sobre ciência e tecnologia.

Para os proprietários de jornais, rádios e TVs não deixa de ser interessante receber um bom material gratuitamente. Para as instituições científicas e pesquisadores citados nas reportagens, é o merecido reconhecimento.

Entretanto, na América Latina, o encaminhamento de material jornalístico da área científica por agências internacionais (a um custo bem reduzido), ou por agências governamentais a custo zero, se de forma permanente, poderá eventualmente dispensar a necessidade, em muitos órgãos de comunicação, de manter em seus quadros um jornalista científico ou a colaboração de um *freelancer*.

E esse material de divulgação científica, obtido a um custo reduzido ou mesmo zero, poderá igualmente restringir mais ainda o já reduzido espaço para o redator especializado, um profissional preparado para tornar a ciência acessível à população e também isento para analisar uma política nacional de investimentos em ciência e tecnologia. Com exceção do Brasil, cuja análise estará a cargo dos companheiros de mesa, a situação parcial em alguns países é a seguinte:

Na Argentina, os principais jornais (*Clarín*, *La Nación* e *La Razón*), além dos diários *Sur*, de Buenos Aires, e *La Voz del Interior*, de Córdoba, contam com redatores especializados em ciência e tecnologia.

Circulam ainda revistas especializadas em divulgação científica, como a *Ciência Hoy*, em convênio com a *Ciência Hoje*, do Brasil; *Muy Interesante*, em convênio com a homônima da Espanha; e a *Serie Científica*, de Mendoza.

Há cerca de cinco anos o Consejo Nacional de Investigaciones Científicas y Técnicas (Conicet) iniciou um projeto de formação de jornalistas argentinos na área da ciência e a produção de material de divulgação científica para distribuição aos meios de comunicação. Denominado Programa de Divulgação Científica e Técnica, é dirigido por um antigo colaborador do jornalista Martín Felipe Yriart, que coordena o Centro de Divulgação Científica Plaza Houssay. Esse centro produz matérias de divulgação científica para jornais (aproveitadas por pelo menos 33 diários de todo o país) e para programas de rádio. As matérias são elaboradas pelos jornalistas bolsistas que convivem, por um ano, com os cientistas em seus laboratórios.

Na Bolívia, a televisão faz a cobertura das feiras de ciência e exibe programas científicos e educativos originários do exterior. Os programas de rádio abordam principalmente tecnologias agropecuárias e somente um jornal, *Presencia*, edita uma página semanal de informação científica.

O Chile realizou uma experiência inédita em termos de formação de jornalistas científicos. Na Universidade Católica foi criada a disciplina de jornalismo científico como matéria optativa. Os estudantes podiam também frequentar cadeiras básicas de ciência em outras escolas, porém não foram muitos os que se interessaram por essa área. A Universidade do Chile já teve jornalismo científico como matéria optativa, na época em que a Escola de Jornalismo era dirigida por Eduardo Latorre, que também se destacou como redator científico no *El Mercurio*.

Merecem destaque, na área da imprensa, os jornais *El Mercurio* e *El Diario Ilustrado*. A revista especializada em divulgação científica *Creces* já foi dirigida por Sergio Prenafeta Jenkin, fundador e ex-presidente da Associação Chilena de Jornalismo Científico.

Na Colômbia, a presença governamental é maciça. Não só através de revistas institucionais (*Colombia Ciencia y Tecnología* e *Revista del Instituto de Investigaciones Tecnológicas*), como também pelo encaminhamento semanal de comunicados de imprensa para os principais jornais colombianos.

A partir de 1986, o Programa de Difusão Científica e Tecnológica de Colciencias, além dos comunicados, passou a produzir também para a televisão programas, como *Impacto*, sobre pesquisas nacionais; *Futuro*, sobre as novidades da área; e *Sabía Usted*, explicando fenômenos físicos, químicos e biológicos. Possuem seções fixas os jornais *El Espectador* e *El Tiempo*. O *La República* publica um suplemento semanal e o *El Colombiano*, de Medellín, uma página semanal.

Na Costa Rica, qualquer pessoa habilitada por seus conhecimentos pode escrever nos jornais sobre ciência e tecnologia. Os diários *La República* e *Prensa Libre* abordam frequentemente temas científicos. O *La Nación* publica semanalmente artigos do conhecido Isaac Asimov, um divulgador científico norte-americano que também tem seus artigos publicados no Brasil.

No Equador, com poucas exceções (Miguel Acosta Solis), a divulgação científica nos meios de comunicação está a cargo da comunidade científica, coordenada pelo Consejo Nacional de Ciencia y Tecnología (Conacyt). O interessante, no caso do Equador, é que em Quito foram realizados os primeiros cursos de jornalismo científico para jornalistas latino-americanos. Os cursos foram organizados pelo Ciespal a partir de 1965, eram anuais e tinham a duração de três meses. Permaneceram por um período aproximado de dez anos.

Na Guatemala não existe cobertura de rotina e a divulgação é realizada pelos profissionais das respectivas áreas da ciência. Apesar disso, existem duas associações de jornalismo científico: o Círculo Guatemalteco de Periodismo Científico, fundado em 1974, e a Asociación Guatemalteca de Difusión Científica, fundada em 1989.

Sobre El Salvador, não temos informações atuais, pelos problemas que o país vem enfrentando nos últimos anos. Sabemos apenas que foi criado o Círculo de Periodismo Científico de El Salvador há alguns anos e depois não tivemos mais notícias.

Também por motivos diversos, não dispomos de informações significativas sobre outros países da América Central, como Honduras, Nicarágua, Haiti e a República Dominicana. Sobre esta última podemos apenas assinalar a realização de um Seminário de Ciência, Técnica y Comunicación, em maio de 1984, promovido pela Organização de Estados Ibero-Americanos (OEI).

Em Cuba, a divulgação científica é feita através da *Prensa Latina*, que conta, entre seus redatores, com Gilberto Caballero, com atividade voltada mais para o público infantil.

No México, o jornalismo científico desenvolve-se em duas vertentes: uma é a oficial, com programas de divulgação científica preparados pela Universidade Nacional Autônoma do México (rádio) ou pelo Conacyt, que também edita a revista *Ciencia y Desarrollo*.

A outra vertente desenvolve-se com o esforço da Associação Mexicana de Jornalismo Científico, que organizou o 3º Congresso Ibero-Americano de Jornalismo Científico e chegou até a editar a sua própria revista de divulgação, denominada Prisma Científico. Igualmente deve ser dado destaque à revista Chispa, já com vários anos de existência e especializada em divulgação científica para crianças e adolescentes, e ao jornal Excelsior.

Peru, Panamá, Paraguai e Uruguai se igualam por aproveitar principalmente matérias procedentes do exterior.

A Venezuela ocupa uma posição especial, na América Latina, em seus esforços para ampliar a informação científica de sua população. Graças ao grupo liderado por Arístides Bastidas, o Círculo de Periodismo Científico de Venezuela organizou, em 1974, o 1º Congresso Ibero-Americano de Jornalismo Científico. O Círculo também promoveu cursos e seminários da especialidade, com a colaboração do Instituto Venezolano de Investigaciones Científicas e com o Instituto Venezolano de Estudios Avanzados.

Apesar de todos os esforços, são poucos os jornais que possuem seções científicas com periodicidade fixa. O jornal El Nacional, com Bastidas, é um deles. Por outro lado, pesquisa realizada em 1986 revelou que o público venezuelano considerava que a informação científica se dirigia apenas a uma elite.

Podemos resumir a situação do jornalismo científico na América Latina da seguinte forma:

› O caráter estatal da divulgação científica na imprensa.

› A quase ausência da iniciativa privada – os órgãos de comunicação – nessa área.

› O jornalista científico encaminhando-se para as assessorias de imprensa de instituições de pesquisa.

› A praticamente inexistência de *freelancers* no jornalismo científico latino-americano.

› A preferência dos órgãos de comunicação por matérias de custo reduzido (agências internacionais) ou mesmo custo zero (enviadas pelas assessorias de imprensa).

› Cientistas, com a colaboração de jornalistas, e jornalistas, com a colaboração de cientistas, produzindo material de divulgação científica.

› Predomínio do jornalismo científico informativo em relação ao jornalismo científico opinativo ou crítico.

Se olharmos para trás, veremos que o jornalismo científico na América Latina apresentou uma expansão altamente significativa. Em nome da democratização da informação científica, quem assume o jornalismo científico? O jornalista profissional, o cientista ou o assessor de imprensa?

Palestra proferida no evento Consulta Técnica sobre Periodismo Científico, promovido pela OEI (Organização dos Estados Ibero-Americanos para a Educação, a Ciência e a Cultura) e realizado em Buenos Aires de 9 a 13 de outubro de 1989.

O homem que forma e informa

Os artigos atuais de José Reis, que completa noventa anos, continuam a ter o mesmo vigor e entusiasmo dos que o cientista publicou na Folha de S.Paulo em 1947, quando iniciou sua brilhante carreira de divulgador da ciência para o grande público. Anteriormente, no Instituto Biológico de São Paulo, ele divulgava a ciência para um público mais restrito.

Nesses quase cinquenta anos de atividade jornalística ininterrupta, sua preocupação constante tem sido informar e formar, sem deformar fatos e mentes. É um divulgador da ciência em seus mais diferentes campos, sem concessões à pseudociência.

Os artigos de Reis aproximam os cientistas que criam o conhecimento do público beneficiado por esse mesmo conhecimento. Tanto pode ser um avanço científico quanto uma conquista tecnológica, aproveitados para uma reciclagem de conhecimentos e educação continuada para a população.

Na área da pesquisa científica, seu nome consta em importantes contribuições na área da bacteriologia e da ornitopatologia. E, no papel do cientista que promove a divulgação da ciência, criou uma escola de jornalismo científico.

Para José Reis, o artigo de divulgação científica não precisa ter preocupações com detalhes. As particularidades de uma pesquisa só interessam aos pesquisadores da mesma área, que poderão encontrá-las nas revistas científicas especializadas.

Ao mesmo tempo, como cientista e jornalista científico, contribuiu para o desenvolvimento de uma política nacional para o desenvolvimento da ciência brasileira, visando à formação de novas gerações de pesquisadores.

A Sociedade Brasileira para o Progresso da Ciência (SBPC) foi fundada em 1948 por iniciativa sua e dos professores Paulo Sawaya, Maurício Rocha e Silva e Gastão Rosenfeld. Esse pequeno núcleo se transformou, ao longo dos anos, na mais importante sociedade científica da América Latina.

Antes da fundação da SBPC, da qual Reis foi presidente por duas vezes e é presidente de honra, os cientistas brasileiros estavam isolados em grupos e muitas vezes nem se conheciam, apesar de trabalharem na mesma área.

E foi nos recentes anos de chumbo que a SBPC se transformou na trincheira dos cientistas perseguidos, com o apoio da tribuna que Reis mantém até hoje na *Folha*.

Das muitas homenagens por sua atividade, várias se destacam por englobar, ao mesmo tempo, o cientista e o divulgador da ciência, como o Prêmio José Reis de Divulgação Científica, instituído pelo Conselho Nacional de Desenvolvimento Científico e Tecnológico (CNPq) como estímulo e reconhecimento aos que tenham contribuído significativamente para tornar a ciência e a pesquisa conhecidas do grande público.

Também na Universidade de São Paulo, a Escola de Comunicações e Artes criou, em 1991, o Núcleo José Reis de Divulgação Científica.

O núcleo foi criado com a finalidade de promover estudos e pesquisas sobre o melhor aproveitamento dos meios de comunicação de massa na disseminação e popularização da ciência e da tecnologia.

E no próprio Instituto Biológico, da Secretaria de Agricultura de São Paulo, onde José Reis foi pesquisador e iniciou sua jornada na divulgação científica, também foi criado o Núcleo José Reis de Divulgação.

Reis é, também, cofundador da Associação Brasileira de Jornalismo Científico e seu presidente de honra. E foi nessa qualidade, durante a instalação do 4º Congresso Ibero-Americano e do 1º Brasileiro de Jornalismo Científico, realizado em São Paulo sob a nossa presidência, que José Reis estabeleceu parâmetros para a divulgação científica: deve transmitir ao público o sentido e o sabor do conhecimento científico, assim como suas implicações sociais; deve preencher lacunas escolares e atualizar o cidadão; deve ajudar a sociedade a compreender a ciência em seu mais puro sentido – compreensão fundamental, pois a pesquisa é financiada, direta ou indiretamente, pela sociedade.

Folha de S.Paulo, 8.6.1997

A saúde na cobertura da mídia

Apesar de ser médico formado pela Escola Paulista de Medicina da Universidade Federal de São Paulo, em 1966, e redator com registro de jornalista profissional desde 1960, reconheço que na pressa do dia a dia da redação podem surgir eventuais tropeços em minhas matérias.

O mesmo deve ocorrer com outros repórteres e redatores da área da saúde, com a diferença de que estes têm em sua formação exclusivamente a escola de jornalismo.

Essa formação em jornalismo, entretanto, não os impedirá de, ao longo dos anos e desde que cobrindo de forma permanente a área da saúde, desenvolverem seu *feeling* para discernir entre o que é uma matéria informativa e muitas vezes formativa e o que é um produto de *marketing*. Esse produto poderá ser tanto um medicamento que um laboratório farmacêutico tenta promover quanto a entrevista com um médico que procura a autopromoção.

As assessorias de imprensa nos últimos anos vêm promovendo sutilmente seus clientes (laboratórios farmacêuticos ou médicos). No caso dos médicos, seus nomes acabam entrando para o "sebão da redação", com muita frequência pela facilidade de articulação e explicações bem didáticas aos jornalistas.

Nesse caso, completa-se o circuito da promoção permanente do profissional da medicina. Por que ele aparece? Porque é conhecido. Por que é conhecido? Porque aparece.

No caso dos medicamentos, muitos doentes, após leitura sobre um "novo e mágico" remédio que, pela notícia, irá resolver todos os seus problemas, não só trazem o recorte para o seu médico, mas também acabam solicitando que sejam prescritos.

O problema é que muitos leitores de jornais ou revistas, e até mesmo a audiência da rádio e televisão, não têm a formação necessária – às vezes bom-senso já seria o suficiente – para diferenciar o que é uma propaganda subliminar e o que é uma informação correta.

Levantamento sobre o entendimento de leitores a respeito de alguns temas mostrou que dois terços dos ingleses adultos acreditavam que o Sol girava ao redor da Terra; 50% dos americanos rejeitavam a teoria da evolução (e atualmente esse percentual deve ter aumentado); 88% dos americanos acreditavam que a astrologia é uma ciência.[12]

No Brasil, alguns jornais dão maior espaço para a seção de astrologia do que para a seção de divulgação científica; no Senado foi apresentado um projeto de lei para a criação de uma faculdade de astrologia. Em boa hora o autor desse projeto não conseguiu reeleger-se senador pelo Rio.

O descaminho da informação sobre medicamentos não ocorre somente na nossa imprensa. No Canadá foram analisadas matérias publicadas com destaque sobre cinco novas drogas, no ano 2000. Eram elas: atorvastatina, celecoxib, donepezil, oseltamivir e raloxifene.[13]

Somente 32% dos artigos mencionaram os potenciais efeitos colaterais. Os benefícios dessas drogas tiveram destaque cinco vezes maior do que os eventuais malefícios.

---

12 Cullinton, B. J. *Science*, n. 243, p. 600, 1989.
13 Moynihan, Ray. "Making Medical Journalism Healthier". *The Lancet*, 21/6/2003.

Somente 16% dos artigos publicados na imprensa canadense mencionaram os potenciais efeitos colaterais do celecoxib, uma droga que apresentava aumento na incidência de eventos adversos quando comparada com drogas alternativas já bem conhecidas e mais baratas.

Ray Moynihan, da Universidade Harvard, nos Estados Unidos, estudioso do tema,[14] reconhece que as notícias publicadas na imprensa são importante fonte de informação sobre novos tratamentos. Assinala, entretanto, existir preocupação de que algumas coberturas jornalísticas possam ser imprecisas ou excessivamente entusiásticas.

Moynihan conclui que as matérias jornalísticas sobre medicamentos podem incluir informação inadequada ou incompleta sobre os benefícios, riscos e custos das drogas, assim como os vínculos de financiamento entre grupos de estudo ou especialistas e a indústria farmacêutica.

Antigamente, em nosso meio, a preocupação com as matérias sobre saúde estava relacionada quase exclusivamente a falhas na comunicação entre o jornalista e o cientista ou entre o cientista e o jornalista.

Atualmente, o problema é muito mais sério, como refere Paulo Andrade Lotufo.[15] Em artigo publicado recentemente na revista da Associação Paulista de Medicina, *Diagnóstico &*

---

14 Moynihan, Ray et alii. "Coverage by News Media of the Benefits and Risks of Medications". *The New England Journal of Medicine*, n. 342, pp. 1.645-50, 2000.

15 Lotufo, Paulo Andrade. "A comunicação médica: alguns comentários e observações". *Diagnóstico & Tratamento*, v. 9, n. 1, pp. 3-4, jan./fev./mar. 2004.

Tratamento, relata a utilização sub-reptícia da imprensa leiga para a divulgação de *press releases* anunciando novas técnicas diagnósticas ou tratamentos.

Lotufo destaca ainda que a sua redação recebe mais de uma dezena de *press releases* por dia. Acho que estamos no mesmo *mailing* dessas assessorias de imprensa, porque é aproximadamente o mesmo número diário de *press releases* que recebo.

Palestra proferida no 2º Seminário Ciência e Sociedade: Mediações Jornalísticas, realizado na Estação Ciência/USP, organizado pela ECA/USP, em 17.11.2004.

Sobre o autor

Julio Abramczyk (São Paulo, 1932) é colunista da *Folha de S.Paulo* e médico do corpo clínico do Hospital Santa Catarina (São Paulo), do qual foi diretor clínico. Em 1960, ainda estudante da Escola Paulista de Medicina (atual Universidade Federal de São Paulo | Unifesp), assumiu o cargo de redator da seção de biologia e medicina da *Folha*. Recebeu o Prêmio Esso de Jornalismo na categoria informação científica, o Prêmio Governador do Estado de São Paulo, o Prêmio José Reis de Divulgação Científica/CNPq e o Prêmio Abradic de Divulgação Científica, da Associação Brasileira de Divulgação Científica. Também recebeu o Diploma de Honra ao Mérito da Faculdade de Medicina da USP e a medalha Tiradentes, do Conselho Regional de Odontologia de São Paulo. É membro fundador da Sociedade de Cardiologia do Estado de São Paulo e da Associação Brasileira de Jornalismo Científico, da qual foi presidente entre 1979 e 1989. Em 1982, organizou o 1º Congresso Brasileiro de Jornalismo Científico e o 4º Ibero-Americano de Jornalismo Científico. Na ocasião, foi eleito presidente da Associação Ibero-Americana de Jornalismo Científico, função que exerceu até 1990. Também é membro do Conselho Nacional de Autorregulamentação Publicitária (Conar).

Este livro foi composto na fonte Albertina
e impresso em dezembro de 2012 pela
Corprint, sobre papel pólen soft 80 g/m².